인문학적 숲해설 3

Green Mother의 사랑

인문학적 숲해설 3

Green Mother의 사랑

초판 1쇄 인쇄일 2018년 11월 20일
초판 1쇄 발행일 2018년 11월 27일

지은이 박종만
펴낸이 양옥매
디자인 표지혜 송다희

펴낸곳 도서출판 책과나무
출판등록 제2012-000376
주소 서울특별시 마포구 방울내로 79 이노빌딩 302호
대표전화 02.372.1537 **팩스** 02.372.1538
이메일 booknamu2007@naver.com
홈페이지 www.booknamu.com
ISBN 979-11-5776-642-0 (03480)

이 도서의 국립중앙도서관 출판시도서목록(CIP)은 서지정보유통지원 시스템 홈페이지(http://seoji.nl.go.kr)와 국가자료공동목록시스템(http://www.nl.go.kr/kolisnet)에서 이용하실 수 있습니다.
(CIP제어번호 : CIP2018037558)

Green Mother의 사랑

박종만 지음 | 인문학적 숲해설 3

Did You Know?

책과나무

• 프롤로그

"Green Mother!"

숲을 표현하는 데 이보다 더 좋은 말이 있을까요?

Green Mother의 사랑을 느껴 보는 여행!

위대한 자연의 사랑을 느끼는 순간 지상 최고의 행복에 잠깁니다.

무한한 상상력이 화려한 창의력으로 변신하는

그 위대한 숲을 정성껏 그려 보고 싶었습니다.

특별히 저의 인문학적 숲해설을 유튜브에 올리면서

내용 편성, 촬영 그리고 영상편집까지 기술 전반을 도와주신

국립수목원 숲해설가 강성배 선생님,

그리고 여러 가지 사진 자료를 제공해 주신 송원혁 선생님,

한미현 선생님, 최찬영 선생님, 이종봉 선생님께

감사의 말씀을 드립니다.

– 2018년 가을 박종만

목차

1부

아름다운 비극

동백꽃 여인의 슬픔

뒤마의 『춘희』(春姬, La dame aux camelias = 동백의 여인)는 동백꽃을 좋아하는 마르그리트와 아르망의 순수한 사랑을 그린 이야기인데, 동백꽃 같이 쓰러져 간 마르그리트의 비극은 축배의 노래로 유명한 베르디의 오페라 〈라트라비아타〉로 다시 태어났다.

한 달 내내 동백꽃을 꽂았던 비올레타와 알프레도의 정열적이고도 비극적인 결말은, 아직 떨어지기엔 너무나 싱싱한 동백꽃을 상상하기에 충분하다.

동백꽃! 유치환님의 시 「동백꽃」에서는 '목 놓아 울던 청춘이 꽃 되어 소리 없이 피어난 청춘의 피꽃'으로 그려졌는데, 그 장엄한 낙화의 모습은 가슴 서늘한 칼날을 연상시킨다. 시나브로 한 잎 두 잎 시들어 볼품없는 모습으로 떨어지는 보통의 꽃에서는 상상도 못할 비극적인 모습이다.

카타르시스, 그 아름다운 비극

‘카타르시스’는 아리스토텔레스의『시학』에 처음 등장하는 용어로, 일종의 정신적인 승화작용을 뜻한다. 비극의 주인공이 비참한 운명에 의해 정신적으로 정화되는 모습을 보면서 자신의 울적한 마음이 정화된다는 것이다. 우울함이 해소된 후의 마음의 정화!

벚꽃이 한꺼번에 흩날리며 떨어지는 아름다운 비극은 동백꽃이 떨어지는 잔인한 모습과는 완전히 다르게, 보는 이로 하여금 영혼의 정화를 맛보게 하며, 더 나아가서 즐거움으로까지 승화되는 것이다.

결국 비극은 관객에게 긍정적인 영향을 미친다. 셰익스피어의 4대 비극도 카타르시스를 기대하는 작품이다. 독일의 영화들이 왜 그렇게 비극적인 엔딩을 선호하는가도 조금은 이해가 간다.

가인박명(佳人薄命)! 너무나 꽃이 아름다워 사람들이 품종개량을 거듭하여 탄생한 왕벚나무. 사람이나 동물이나 식물이나 주위에 자신을 위협하는 그 많은 병원(病原)미생물에 대항하기 위한 수단을 강구하지만 왕벚나무는 아름다움만을 강조한 나머지 그 강한 야성을 다 상실하고 말았기에, 여러 충해나 병원균에 취약하여 나무도 단명하지만 꽃도 단명한다.

챔피언 나무

1936년 베를린올림픽의 마지막 게임이었던 마라톤경기의 시상식이 폐막식에 앞서 시행되고 있는 장면.

여기서 주목할 부분은 챔피언 손기정 선수가 들고 있는 화분이다. 우승한 선수에게 기념품으로 나무를 주다니! 요즘 같으면 상상하기 어렵지만, 당시 베를린올림픽은 독일의 히틀러가 전쟁을 일으키기 전에 국가의 세(勢)를 과시하기 위해 열었던 행사인데, 폐막식 관객이 다 보고 있는 그 중요한 순간, 마지막 게임의 우승자에게 나무를 준다는 것은 그 나무가 얼마나 큰 의미를 갖고 있는가를 말해 준다.

과연 그 나무는 무슨 나무이기에? 놀랍게도 올리브나무나 월계수나무가 아닌 미국이나 유럽에 흔한 바늘잎참나무. 그렇다면 왜 흔해 빠진 참나무가 이 귀중한 순간에 선택되었을까?

참나무가 그 아득한 옛날 아테네 시절부터 인류의 사랑을 독차지해 온 이유는 무엇일까? 몇 가지 이유가 있지만 가장 큰 이유는 생태계에 절대적으로 필요한 존재이기 때문이다.

만일 누에나방의 애벌레가 뽕나무 잎이 없다면 굶어 죽을까? 아니면 다른 나무 잎이라도 먹으며 연명을 꾀할까? 연구에 의하면, 지구상에 알려진 곤충 80만 종 중 약 40만 종이 초식곤충이며 그중 약 80%인 32만 종이 자기가 먹는 나뭇잎이 정해져 있어서 다른 나뭇잎은 먹지 않는 것으로 판명되었다. 전문용어로 '기주특이성'이다.

예를 더 들어 보면 박각시나방은 가지과 식물, 호박노린재는 오이과 식물만 먹는다. (하지만 초식 포유류는 2가지 예외만 빼고 모두 광식성이다. 두 가지 예외는 코알라는 유칼립투스, 자이언트 판다는 대나무 잎이다.)

그렇다면 곤충들은 왜 위험하게 몇 가지 나무에만 의탁하는 것인가? 그것은 나무마다 잎을 지켜 내려고 식충곤충을 멀리하려는 목적으로 독성을 생산하는데, 곤충의 입장에서 모든 식물의 독성을 해독하는 것은 무리이므로 몇 가지에만 국한해서 해독 노력을 했기 때문이다.

기주특이성 때문에 보통의 경우는 나무 한 종에 두세 가지의 벌레들이 의탁하고 있지만, 참나무의 경우에는 보고된 것만 300가지 이상의 벌레들이 의지하고 있다는 사실이다. 사정이 그러니 참나무의 존재는 생태계의 존재에 절대적 영향을 미치고 있는 것이다.

이러한 참나무의 중요성은 2500년 전 그리스 때부터 이미 알려져 신성시되었으며, 특히 게르만족은 참나무의 정령에게 바치려고 남자를 불에 태우기도 하고, 참나무 앞에서 예배도 드리고 결혼도 하였다.

참나무들의 이 흉터는 도토리를 따기 위해 돌로 친 자리이다.

이 흉터를 어루만지며 속삭여본다.

'고맙다, 덕분에 우리가 큰 신세를 졌구나!'

우리나라에서의 참나무 사랑은 예로부터 더욱 특별하다. 많은 이유 중 한 가지 예만 든다면, 옛날에는 천수답이었던 이유로 5월에 비가 오지 않으면 모내기를 못하여 쌀농사를 지을 수 없었지만, 반대로 참나무는 5월에 비가 오지 않아야 수분이 잘 되어 풍작을 이루었기에 쌀이

흉년들 때에 도토리에 의지해야 했으니 우리에게는 참으로 고마운 나무다.

500종이나 되는 다양한 종류의 참나무는 아시아가 원산지로 대개 북반구에 서식하며, 환경이 좋으면 수백 년간 큰 나무로 성장한다. 나무의 껍질이 10년마다 벗겨지기 때문에 장수하는 것이다. 영국이 세계의 해상 패권을 잡는 데는 이 참나무로 만든 배가 있었기 때문이라고 한다.

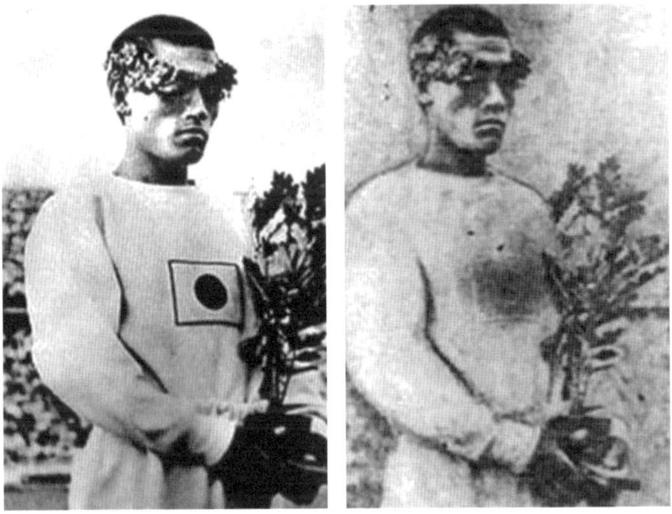

1936년 8월13일 자의 동아일보 일장기 말소 사건. 남승룡 선수는 시상대에서 화분으로 일장기를 가릴 수 있었던 손기정 선수가 한없이 부러웠다고 했다.

작은 화분 속의 나무는 손기정 선수의 모교인 당시 양정고등학교 교정에 심어져 사진처럼 큰 나무로 자랐다. 이후 학교는 이사를 갔고, 그 자리는 손기정 체육공원이 되었다.

운명을 노래하는 전나무

베토벤의 〈운명교향곡〉을 들어 보자.

"당당당당… 당당당당… 당당당당….”

작곡은 베토벤이 하였지만 소리는 전나무가 내고 있다. 즉, 전나무로 만든 콘트라베이스의 소리이다. 악기의 음색은 공명에서 나온다. 다양한 공명이 모여 콘트라베이스의 개성 있는 음색이 탄생한다.

전나무는 밑동에서 20여 미터는 가지 하나 없이 쭉 뻗어 있고 100년이 넘는 세월 동안 천천히 자라면서 오로지 빛을 향해 가기 위해 에너지를 분산시키는 가지들은 다 스스로 잘라 버리며 울림의 명품으로 탄생한다. 울림이 좋은 전나무를 찾기에는 많은 수고가 필요하다. 마치 딱따구리가 나무를 두들겨서 그 공명의 소리를 들으며 수피 속에 있는 벌레를 찾아다니듯 그렇게 찾아다녀야 하는 것이다.

나는 콘트라베이스의 저음에서 얼어붙은 동토에 한줄기 햇살의 축복을 듣는다. 그리고 영혼의 정화를 경험한다. 베토벤의 9번 교향곡 4악장의 콘트라베이스의 드러나지 않으려 애쓰는 저음들, 삶에 입 맞추는 심오하고도 신비스런 소리들, 모든 소리들을 포근하게 감싸 안고 날아다니는 바이올린 소리를 붙잡아 주는 소리.

5번 교향곡 〈운명〉의 시작은 당연히 콘트라베이스의 몫, 바이올린은 김현식의 〈내 사랑 내 곁에〉의 전주로 안성맞춤이고, 트럼펫은 〈탄호이저〉 행진곡의 개선의 나팔소리이다.

음악은 순간의 감성의 즐거움을 남기는, 귀로 듣는 사랑이다.

"당당당당…."

한창 나이 30이 되면서 귀가 멀기 시작한 베토벤의 절망적인 절규는 숲으로 들어간 지 1년여 만에 아름다운 희망의 〈전원교향곡〉으로 다시 태어난다. 숲이 만들어 낸 기적이다.

죽어서도 수천 년 살아가는 나무

나무는 자란 곳에 따라 각각의 성질이 다르다. 대체로 굵고 키 큰 나무는 수명이 길다. 오랜 시간 여러 가지 환경을 극복해 낸 것이 그 나무의 성질로 굳어진 것이다. 엄격한 환경에서 자란 나무는 그런 환경을 이겨 내려는 성질이 있다. 심한 바람에 맞서며 자란 나무는 나중에 재목으로서도 그런 환경을 이겨 내려는 성질이 있다.

가을부터 겨울의 그믐부터 약 7일간(즉, 달이 안 보이다가 반달이 될 때가지 사이) 벌목을 해야 하고, 나무를 벨 때는 계곡 쪽으로 쓰러뜨려야 한다. 벌목 후에는 수개월간 잎이 다 마를 때까지 임지(林地)에서 건조해야 하고, 제재소에 도착한 후에도 인공으로 건조하지 않고 자연 빛으로 건조시킨다.

나무마다 다른 목리(木理)를 잘 살피는 것도 중요하다. 목공들은 기둥을 보면 일표(日表 = 햇빛을 받으며 자란 쪽)와 일리(日裏 = 햇빛이 닿지 않은 쪽)를 즉시 구별한다고 한다. 같은 나무에서 나온 재목들도 일표와 일리에 따라 특성이 다르다는 것이다.

배에서도 중요한 노는 반드시 일표로 제작한다고 한다. 활을 만들 때에도 대나무의 일표를 활의 바깥쪽에, 일리를 내측에 사용하는 것은 상식적인 이야기이다. 세계 최고 1,400년 된 일본 법륭사의 금당을 지은 목공들은 산의 남사면(南斜面)에서 자란 나무는 건물의 남쪽에 쓴다는 방식으로 나무가 생육한 같은 방향으로 사용하면 건물이 오래간다는 것을 이미 알았다.

또 오층탑이나 금당은 건설 당시의 설계에서부터 약 200년마다 해체 복원하도록 되어 있다는 것이 새삼스럽다. 아무리 살펴보아도 수천 년 고색창연한 건물인데, 이미 여러 번 해체 복원하였다고 한다. 최근의 복원 시의 진단으로는 앞으로도 1,000-2,000년은 더 견딜 것이라고 한다. 이런 집을 지을 때에는 나무를 사 오는 것이 아니라 산(山) 전체를 산다고 한다.

나무는 일단 죽어서 목재가 되는데, 목재 그 자체로 여전히 살아 있는 생물이다. 오층탑을 복원할 때에 1,400년 지났음에도 여전히 편백나무의 그윽한 향기를 발하고 있다는 사실이 이 같은 사실을 증명한다.

그런데 살아 있다는 또 하나의 놀라운 증거가 있다. 지붕을 떠받치고 있는 나무들이 지붕 무게의 압박에도 불구하고 미세하나마 여전히 위로 자라고 있다는 사실이다. 만일 무게에 짓눌려 줄어든다면 그 건물은 오래가지 못할 것이란 이야기이다. 여전히 살아 있는 생명력의 힘을 발휘하고 있는 것이다.

목공들이 재목의 특성을 꿰뚫어 보고 그 특성을 잘 살려서 적절히 사용하는 것을 '적재적소(適材適所)'라고 말한다.

눈물의 목련화

내가 20대 후반에 한일합섬 종합상사의 수출 세일즈맨으로 근무할 때의 일이다. 제품 출고 전에 바이어 화이날 검사하러 사흘이 멀다 하고 마산 공장을 방문하였고, 우연하게도 당시 회사 여종업원들이 다니던 한일여실고의 졸업식에 참석하게 되었다. 40년이 지난 지금도 생생하게 기억나는 졸업가를 부를 때의 가슴 뭉클한 장면은 두고두고 나의 눈시울을 적시게 한다. 졸업가는 조영식 작사, 김동진 작곡의 〈목련화〉였다.

오 내 사랑 목련화야 그대 내 사랑 목련화야
희고 순결한 그대 모습 봄에 온 가인과 같고
추운 겨울 헤치고 온 봄 길잡이 목련화는
새 시대의 선구자요 배달의 얼이로다
오 내 사랑 목련화야 그대 내 사랑 목련화야
오 내 사랑 목련화야 그대 내 사랑 목련화야
그대처럼 순결하고 그대처럼 강인하게
오늘도 내일도 영원히 나 아름답게 살아가리
오 내 사랑 목련화야 그대 내 사랑 목련화야
오늘도 내일도 영원히 나 아름답게 살아가리

약 5,000여 명의 어린 여학생들이 왜 그토록 울음바다가 되었는지 가사를 들여다보면 잘 알 수 있다. 온갖 고초들을 극복하고 주경야독으로 졸업을 하면서 부를 수 있는 최고의 내용과 멜로디가 아닐까? 세계 최대의 목련 수집 수목원인 천리포수목원의 4월은 목련꽃으로 가득한, 그 환한 모습은 40년 전의 5,000여 명의 학생들의 울음으로 오버랩 되어 나를 웃으며 눈물짓게 한다.

이미 작년 여름에 일찌감치 준비해 둔 꽃눈은 어떻게 그 혹독했던 겨울을 이겨 냈을까? 이른 봄꽃은 대체로 노랗고 작은데, 목련만은 크고 우아함을 넘어 경건하기까지 하다. 불교에서는 '나무에 핀 연꽃'이라는 의미를 두어 사찰 문살에 새긴 여섯 장 꽃잎의 연꽃 문양도 목련을 형상화한 것으로 풀이된다.

1억4천만 년 전 활엽수가 처음 세상에 모습을 나타낼 때 출생한 원시식물이다. 이는 꽃잎과 꽃받침 구분이 거의 안 되고 나선상으로 배열되는 꽃잎의 형태와 암술과 수술이 많은 특징으로 알 수 있다. 미국 오하이오주에서 발견된 신생대 시기의 화석에서 목련의 잎으로 추정되는 화석이 발견되면서 더욱 확실해졌다.

빙하가 대륙을 덮어 내려오면서 유럽지역은 숲이 완전히 파괴되어 수많은 원시식물이 사라졌으나, 아시아 동북부 지역과 미주 지역의 원시식물들만 살아남아 아시아목련과 미주목련으로 나뉘어 진화를 거치게 되었다.

▎국립수목원 명예의 전당에 헌정된 모습.

민병갈 선생님(Carl Ferris Miller)은 세계에서 가장 아름다운 수목원으로 뽑힌 천리포수목원을 개인의 힘으로 완성하고 수년 전 별세하실 때에 다음과 같은 유언을 남기셨다.

"나무는 사람보다 훨씬 더 존경받을 만한 생명체입니다.
그래서 이 수목원을 저 나무에게 상속시켜 주세요."

천년의 노래 - 웰위치아

웰위치아는 국립수목원의 아열대온실에서 가장 희귀한 것으로 유명하며 사막의 불가사의로 불린다. 나미비아 사막에는 세계에서 가장 못생긴 이 식물이 살았다. 곧은 뿌리는 물을 찾아 땅속 깊숙이 내려가고, 뿌리 윗부분에는 흡수성이 좋은 스펀지 같은 망조직이 넓게 펼쳐져 있어서, 물이 거의 없는 근처의 수로로부터 남아 있는 약간의 지하수까지도 흡수한다. 뿌리 위로는 길이가 짧고 윗부분이 오목한 목질의 줄기가 부분적으로 물에 잠겨 있다. 이 줄기의 양쪽에서 잎이 둘씩 나오는데 무한대로 자란다. 최소 수백 년 동안 매년 그 길이가 10-15센티씩 길어진다.

웰위치아는 풀을 뜯는 동물들의 먹이가 되기도 한다. 건조 지역에서 이처럼 큰 잎은 발견하기 어렵다. 확실한 고대식물이며, 직계조상은 종자식물이 처음으로 주를 이루던 2억 년 전으로 거슬러 올라간다. 화석으로 증명되는 사실은 지금보다 넓은 지역에 분포했고 더 습한 환경에서 살았다는 것이다. '웰위치아'란 이름은 오스트리아 태생의 의사이자 식물학자 프리드리히 웰위치의 이름을 따서 붙여졌다. 웰위치는 포루투갈 정부를 위해 채집여행을 다니다 앙골라 최남단에서 이 식물을 발견하고 보고하였으나, 상급자들은 매우 특별한 식물일지는 모르지만 경제적 가치는 없다고 판단하여 보고를 묵살하였다.

훗날 영국의 화가이자 탐험가 토머스 베인스는 나미브 사막을 여행하다가 수집한 자료를 런던의 큐가든에 보냈고, 큐가든은 자료 중에 희귀한 웰위치아의 가치를 인정하고 즉각 확보에 나섰다고 전해진다.

너도밤나무의 기발한 작전

열매에 독이 있는 것도 아니요, 그렇다고 호두처럼 견고한 외피를 입고 있는 것도 아니면서 영양은 풍부하여 들쥐들이 제일 좋아하는 식품이 되어 있다.

너도밤나무가 풍년이면 그 이듬해 들쥐가 많이 발생하는 것은 당연한 일이다. 보통의 견과류는 2-3년에 한 번 풍작을 만들지만, 만일 너도밤나무마저 이렇게 자주 풍작을 하면 들쥐의 번식으로 싹을 키울 기회가 없어질 것이다. 그렇다면 무슨 기발한 작전이 있는 것일까?

열매에 독을 섞는 대신에 풍작해의 간격을 가능한 한 늘여서, 들쥐가 이 열매의 존재를 망각했다고 여겨지는 해에 풍작을 이루는 것이다. 무력을 사용하지 않는 평화롭고 독특한 작전이다.

거꾸로 선 바오밥나무

수목원의 식물원에는 바오밥나무가 몇 그루 있는데, 볼수록 기이하게 생겼다. 아프리카의 창조신은 동물들에게 나무 한 그루씩 주었다. 마지막 순서로 하이에나가 받은 나무가 바로 이 나무. 못생긴 나무를 받아 기분이 상한 하이에나는 이 나무를 멀리 던져 버렸고, 멀리 날아간 나무는 거꾸로 땅에 떨어졌다.

'아단소니아속'이라는 이름은 1749년경 바오밥나무를 처음 발견한 프랑스 식물학자 미셸 아당송의 이름을 따서 붙인 것으로, 그 열매를 물에 섞어 마시면 원기를 회복한다는 효능 덕분에 이집트에서는 이미 오래전부터 알려져 왔다. 그리고 16세기 후반 베네치아의 한 식물학자가 카이로의 시장에서 팔던 이 열매를 '부호밥'이라고 부르는 것을 알았다고 한다.

잎과 꽃은 샐러드로, 씨는 커피처럼 볶았고, 껍질은 두드려서 밧줄로 사용하는 등 아주 유용하게 사용되었으며, 건조한 사바나 기후를 선호하며, 수천 년 장수하는 이 나무의 아주 단단한 열매가 100만 년 전 마다가스카르에서 호주로 떠내려가서 호주바오밥나무가 되었을 거라는 추측이 있다.

곤충기로 유명한 파브르가 100여 년 전 『파브르식물기』에서 기록한 6,000년 된 바오밥나무의 그림과 글.

세네감비아의 베르데 곶 근처에 있는 아단소니아는 4-5m의 키에 밑동 둘레가 25-30m로, 토인들은 '천년나무'라는 뜻의 바오밥이라는 이름을 붙였다. 1749년 아단슨은 베르데곶 가까운 마들렌느 제도에서 그보다 3세기 전에 영국 여행자가 방문한 일이 있는 바오밥을 관찰하고 있었다. 면밀한 관찰 결과 6,000살이라고 결론지었다.

배려퀸 자작나무

사람들은 나무를 판단할 때 재목으로서의 가치 같은 경제적 가치에 초점을 맞추는 경우가 많다. 자작나무는 이 경박한 판단을 비웃고 있다.

자작나무는 보기에는 아주 수려한 나무로, 그 아름다움은 라라와 지바고를 실은 마차가 달리는 『닥터 지바고』의 그 하얀 세계에서 충분히 입증되었다. 하지만 충해나 풍해에 약하여 그 미모에도 불구하고 경멸의 대상이 되어 왔다. 그렇다면 왜 벌레에 약할까?

자작나무는 베를린이나 모스크바, 홋카이도 같이 건조하며 차가운 기후를 선호하며 자작나뭇과 나무들이 그렇듯 대표적인 양수(陽樹)로 불이 난 곳이나 토사 우려가 있는 열악한 곳에 선발대로 들어가 자리 잡는 수종으로, 몇 년이 지나면 바로 죽어서 부엽토가 되어 토양을 기름지게 하여 나중에 들어오는 수종들이 정착하는 데 결정적인 도움을 준다.

빨리 성장하여 벌레의 침입에 쉽게 노출되고 빨리 죽어 부패하기 쉬운 이 성질이야말로 자연의 섭리에 부응하는 최고의 배려목(配慮木)인 것이다.

강원도 인제군 원대리의 20여 년생 70만 그루의 자작나무 숲을 보면서 선배님들의 미래를 내다보는 그 지혜에 머리 숙여 감사드린다.

담양의 메타세콰이어 가로수 길을 거닐면서, 50여 년 전의 그 선견지명에 감탄한 바 있으며, 한 술 더 떠서, 그 옆에 LA디즈니랜드 1번가와 비슷한 이미지의 아름다운 식당가를 건설하였는데, 너무나도 잘 어울리는 궁합으로 참으로 세련된 혜안에 놀랄 뿐이다.

• 절대 심어서는 안 되는 나무

아름다운 꽃을 피우는 부드러운 인상의 체스트 트리(Chaste tree)이다.

수도원에서는 반드시 심어야 하는 것으로 알려진 이 나무는 여성들의 월경 전 긴장증, 여성호르몬 부조화, 두통, 월경통, 생리통, 갱년기장애 등에 효능이 좋은데, 이런 이유 때문일까? 수녀들이 이 열매를 씹고 다니는 모습은 흔하게 눈에 띈다.

하지만 수도원에서 이 나무를 심는 진짜 이유는 따로 있다. 이유는 성욕을 없애는 나무라는 것. 요즘 저출산 때문에 걱정이 많은 우리나라에서는 절대로 심어서는 안 되는 나무이다.

잭슨목련

오바마 대통령이 2014년 잭슨목련 어린나무를 선물로 갖고 와 세월호 유족들을 위로하기 위하여 단원고 마당에 심었다.

잭슨이 제7대 대통령에 당선되면서, 그토록 사랑했던 조강지처가 죽어서 이 기쁨을 함께하지 못하는 것이 너무나 안타까워, 아내가 좋아했던 목련을 백악관 뜰에 심었다. 그 목련은 20달러짜리 지폐에도 나왔던 적이 있다.

목련의 꽃말은 '부활'! 잭슨목련은 태산목(Magnolia Grandflora)의 일종이며, 참고로 목련과 산목련은 낙엽수이고 태산목과 초령목은 상록수이다.

단원고 잭슨목련은 매년 그 슬픈 계절에 꽃을 활짝 피운다.

대나무꽃이 무서운 이유

대나무 숲은 꽃이 한꺼번에 핀 후에 한꺼번에 시들어 버린다. 대나무는 일생에 단 한 번 꽃을 피우는데, 50년 만에 피는 것도 있고 100년 만에 피는 것도 있다. 평생 한 번 꽃 피우고 사라지는 아가베처럼 꽃이 핀 후 나무가 시들어 죽는다.

사실 숲 전체가 공동 운명체로 움직이는 것은 땅을 파 보면 뿌리가 온통 다 지하줄기로 연결되어 있기 때문이다. 식물 중에는 이처럼 1회 번식성인 것들이 많다. 다만 대나무가 해바라기와 다른 점은 그 주기가 압도적으로 길다는 것이다.

사람들은 대나무꽃에 대해 불길한 징조라고들 하는데 그 이유는 무엇일까? 사실 대나무나 조릿대가 꽃을 피우면 무수한 씨가 생기고, 이 씨를 먹이로 하는 쥐가 창궐하게 되고, 쥐는 대나무 씨를 다 먹어 치운 후 기아에 허덕이면 결국 농작물을 먹어 치워 대기근의 원인이 되는 것이다.

• 예쁜 브로치 - 누리장나무 씨

수목원 여기저기서 여름이 오면 아름다운 꽃을 뽐내는, 이 크지 않은 나무의 큰 잎을 문질러 냄새를 맡으면 의외로 약간은 고약하다. 어린잎은 몇 번 끓여 우려내면 먹을 수 있으며 옛날에는 약용으로도 쓰였고, 남색 열매는 천을 아름다운 물색으로 물들이는 염료로 쓰였다.

희미한 붉은색을 띤 하얀 꽃이 가지 끝에 가득 모여 연이어 핀다. 꽃봉오리는 엷은 붉은색의 다섯 장의 꽃받침에 싸여 있다가 꽃대가 나와서 하얀 꽃잎을 펼친다. 냄새나는 잎과는 달리 꽃은 재스민 같은 멋진 향기를 뿜는다.

가을이 되면 너무나도 아름다운 브로치 모양의 열매가 나타난다. 새빨간 색의 꽃받침은 두터워지며 별 모양으로 펼쳐진다. 그 중심에서 보석과 같은 열매가 엷은 물색을 띠며 나타났다가 점차 엷은 청색으로 물들다가 끝내는 짙은 남색으로 익는다. 선명한 빨강과 남색의 투톤 콘트라스트는 새들을 유혹하는 데 최상의 2색 효과이다.

푸른 과육을 벗기면 1-4개의 씨가 나오는데, 표면에 요철이 있는 딱딱하고 귤처럼 생긴 방이 있다. 이러한 씨는 핵과(核果)라고 부르는데 푸른 외피는 외과피(外果皮), 과육은 중과피(中果皮), 씨를 둘러싼 딱딱한 부분은 내과피(內果皮)라 한다. 몇 겹의 강력한 보호를 받고 있다.

흰색과 붉은색의 꽃, 적색과 남색의 열매, 악취와 향기 등 완벽한 콘트라스트를 자랑하는 나무.

이웃을 잘 만나야

국립수목원의 생태관찰로를 가다 보면 우람한 전나무들이 태풍으로 맥없이 쓰러져 있는 모습과 함께 부근에 있던 키 작은 벚나무들도 함께 덩달아 쓰러져 있는 모습을 볼 수 있다. 이웃을 잘못 만난 탓에 억울하게 쓰러졌지만 눈물겹게 살아 버티는 모습이 안쓰럽다.

Mayflower – 산사나무

영국 남단의 작은 포구 플리머스에 모인 102명의 청교도들이 정든 고향을 떠나 미지의 멀고도 먼 신대륙의 버지니아를 향해 떠나는 기도를 드린다. 그리고 예수님이 산사나무의 가시에 찔려 흘린 그 피의 공덕에 의지하고픈 마음에 배 이름을 Mayflower(=산사나무)라고 지었다. 산사나무의 또 다른 이름, Hawthorn에는 머나먼 항해 길에 벼락을 막아 줄 거라는 기대가 배어 있다.

항해술의 취약으로 결국 영국인 선발대들이 이미 도착하여 정착하고 있던 당초의 목적지 버지니아로는 가지 못하고 엉뚱하게도 보스턴 남단의 작은 포구에 도착하였다. 그들은 그곳을 출발한 동네 이름을 그대로 본떠 '플리머스'라 이름 지었다.

지금도 그네들이 1620년 신대륙에 사상 처음 도착하여 첫발을 디딘 바위를 'The Rock'이라 부르며 성지로 여긴다. 도착해서 처음 지은 제일교회는 옛 모습 그대로 잘 보존되어 있는데, 도착해서 바로 하나님의 교회부터 지었기 때문에 오늘날 이처럼 축복받는 나라가 되었다고 주장한다.

두 얼굴의 사나이 - 층층나무

수년 전에 층층나무를 1년간 모니터링한 적이 있다. 지금까지 가장 확실하게 기억에 남는 것은 4월에 처음 낸 잎은 100% 황다리독나방의 애벌레들에게 먹이로 제공한다는 사실.

완전히 잎이 사라져 '이제 죽겠구나!' 하고 생각했는데 놀랍게도 연이어 두 번째 잎이 무성하게 나오는 것을 보고 이거야말로 문자 그대로 '아낌없이 주는 나무(giving tree)'라고 생각했다.

하지만 미국의 어느 학자의 발표를 보면 숲속의 어느 층층나무는 사방으로 가지를 뻗어서 이웃 나무들의 활동을 방해한 죄로 그 숲의 모든 나무들의 공격을 받아 죽어 버리고 말았다고 한다. 정말 상반된 두 얼굴의 사나이인 셈이다.

어두운 숲속에서 자라는 나무는 대체로 음수(陰樹)뿐인데, 유독 층층나무는 양수이면서도 어두운 숲속에서 자라는 음수적인 성질도 갖고 있어 어떤 역경도 이겨 내는 나무이다. 이런 성질은 2단림(예를 들면 상단은 호두나무, 하단은 층층나무)을 조성하는 데도 아주 요긴하게 사용된다. 수수한 색의 열매는 특히 직박구리가 좋아한다.

덩굴무늬

미국 동부에 있는 아이비그룹 대학들 관광 상품은 언제나 인기 폭발인 만큼 '아이비'(담쟁이덩굴)는 우리에겐 낯익은 말이다. 담쟁이덩굴 식물을 도안한 덩굴무늬(당초무늬)의 역사는 고대 이집트에서 시작하여 그리스, 페르시아를 거쳐 전 세계에 퍼졌다.

순식간에 창문을 뒤덮는 빠른 성장의 이유는 다른 식물처럼 자립할 필요가 없어 줄기를 강하게 하는 에너지를 성장에 전용할 수 있기 때문이다. 줄기는 물과 영양분만 운반하면 되기에 수송관이 비교적 굵은 특징을 갖고 있다.

보통 식물은 이 관이 굵으면 구조적으로 허약해지므로 아주 가는 관을 사용하며, 그 관을 보강하기 위해 늘 힘을 써야 한다. 여러모로 유리한 장점을 갖고 있는 얌체식물이다.

아이비는 덩굴무늬의 오리지널이며 상록수이고, 강력한 접착성 점액이 나오는 흡반이 줄기에서 나오는 흡착근에 있다. 포도나무과 덩굴은 낙엽수이며 가을에 붉게 물들어 여름덩굴이라고도 한다. 덩굴손 끝에 흡반이 있다. 덩굴손은 나선형으로 뒤틀리며 감아 올라가고 도중에 반전(감아 올라가는 방향을 정반대 방향으로 바꾸는 것)이 있는 것은 잡아당겨도 쉽게 끊어지지 않으려는 작전이다.

『파브르곤충기』로 유명한 파브르는 약 100여 년 전에 출간된 자신의 저서 『파브르식물기』에서 '덩굴식물의 배신'이란 글을 썼는데, 이를 요약해 본다.

여기 자랑스럽게 뿌리를 뻗고 있는 아름다운 나무가 있다. 그 줄기는 기둥처럼 단정하고 높이가 20-30m나 된다. 그 바로 옆에서 덩굴식물 하나가 자기를 지탱해 줄 힘이 없는, 공중에 뜬 조그만 뿌리 위에서 떨고 있다. 그는 옆의 거목에게 다가가서 그 가지에 팔을 걸면서 숲의 그늘에서 벗어나려고 하니 제발 도와 달라고 애원한다.

너그러운 이웃은 흔쾌히 승낙한다. 결국 이 덩굴식물은 욕심에 욕심을 부려 숙주나무가 받고 있던 햇빛마저 차단하며 줄기도 조여 큰 나무를 고사시키고 만다. 배신의 승리인 듯 보이지만 몇 년 지나지 않아 고목은 땅으로 쓰러지면서 덩굴식물은 밑에 깔려 두 번 다시 일어나지 못한다.

| Did you know? | 상록수의 잎은 왜 얼지 않나?

늘 초록색을 유지하기 위한 그네들의 월동대책은 얼지 않도록 당분의 농도를 올려 응고점 강하를 시도하기 때문이다.
정말 달까? 시험 삼아 잎을 씹어 보고 싶겠지만 참아야 한다. 대체로 잎에는 벌레가 쉽게 먹지 못하도록 유독 물질이 포함되어 있기 때문에, 잎을 먹으면 설사를 한다거나 심한 경우에는 의식을 잃을 수도 있다.

2부

위대한 엄마의 사랑

지상 최고의 토목공학

개미귀신(ant-lion)

만리장성이나 피라미드는 거대할지는 몰라도 절대 위대하지는 않은 토목공사이다. 죄 없는 사람들을 짐승처럼 부리며 건설한 잔혹의 역사이기 때문이다.

여기에 작지만 실로 위대한 토목공사 하나를 소개해 본다. 사실 '개미귀신'이란 이름은 사진에서 보는 바처럼 생김새에 비해 지나치게 가혹한 이름이다. 더더구나 나중에 예쁜 명주잠자리로 탈바꿈하기에…. 명주잠자리(풀잠자리목)는 흰개미(바퀴목)가 개미(벌목)가 아니듯 잠자리(잠자리목)는 아니다.

사실 흰개미처럼 신비스런 건축술을 가진 곤충은 이 세상에 많고도 많지만, 그중에서도 토목공학적으로 가장 완벽한 기술을 자랑하는 곤충은 개미귀신이라 할 수 있다.

태평하게 길을 가던 개미가 갑자기 깔때기 모양의 모래 구멍(깊이

2.5-5㎝, 폭 2.5-7㎝)에 빠진다. 필사적으로 탈출을 시도하지만 오르면 오를수록 무너지는 절벽. 개미귀신(ant-lion, doodlebug)은 이 조난자를 먹고 산다.

매우 낮은 확률이지만 이 위기에서도 살아남는 개미는 있다. 개미귀신은 장님이기에 조용히 숨도 안 쉬고 있다가 비가 올 때에 절벽이 굳어지면 탈출하는 것이다. '호랑이굴에서도 정신만 차리면 살 수 있다.'라는 말이 괜한 말은 아닌 듯하다.

하지만 들어오는 족족 다 잡을 수 있는 것은 아니다. 상당 부분은 안타깝게도 놓치고 만다. 어떤 경우는 들어온 개미에게 70여 회나 모래세례를 퍼부은 끝에 겨우 나포하는 등 만만한 작업이 아니다. 개미귀신은 개미의 내용물을 다 빨아먹고 껍질은 굴 밖으로 내던진다.

그런데 이 깔때기 건설공법이 그 유명한 안식각(安息角)을 사용한 첨단공법이라고 한다. 더 놀라운 사실은 이 아슬아슬한 무너지기 일보 직전의 안식각은 그때그때의 습도에 따라 달라지는데, 그 습도마저 감안하여 건설한다는 것이다.

실험 연구 결과, 구멍의 크기와 깊이도 가장 능률적으로 최적화되게 설계되었다고 한다. (하지만 모든 개미귀신이 이렇게 굴을 파고 기다리는 것은 아니고, 또 다른 종류는 굴을 파지 않고 숨어 있다가 먹잇감을 사냥하기도 한다.)

개미의 입장에서 보면 확실히 지옥이지만 (개미귀신의 입장에서 보면 즐거운 일일 것처럼 보이지만,) 사실은 개미지옥도 힘든 생을 살아가기는 마찬가지이다. 개미가 떨어져 들어오는 것을 하염없이 기다리는 것이 쉬운 일은 아니다. 지나가던 손님이 여기에 떨어질 확률이 아주 낮기 때문이다.

대체로 먹이를 수동적으로 기다리는 생물은 배고픔을 오래 참을 수 있다고 하는데, 개미귀신은 3개월을 먹지 않고 버틸 수 있다고 한다. 하지만 3개월 동안 개미가 떨어질 가능성도 매우 낮기에 개미귀신에게도 그런 삶은 지옥이기나 마찬가지. 공들이는 에너지에 비해 그렇게 남는 장사는 아닌 듯 보인다.

그렇게 그 밀폐된 구멍에서 살아가자면 대변 처리가 골치일 텐데, 개미귀신은 항문이 아예 없기 때문에 성충이 될 때까지 2-4년간 변을 보지 않다가 마지막 번데기 시절에 그때까지 배 속에 갖고 있던 것들을 한꺼번에 배설한다. 그때의 기분은 상상 이상의 천국일 것이다. 변비를 경험한 분들은 다 알고도 남을 일이다.

그런데 여기서 한 가지 더 놀라운 사실은 번데기가 모래 속에서 고치를 만드는데, 모래알이 단 한 알도 들어가지 않는 완벽하게 청정한 고치를 만드는 신비스런 기술을 갖고 있다는 것이다.

이 귀신은 나중 그 아름다운 명주잠자리가 된다는 사실은 더 믿을 수가 없다. 성충으로서 살아가는 기간은 2-3주인데, 그 2-3주 내내 물 이외는 아무것도 먹지 않는다. 만만찮은 이 세상의 한 삶이다.

사자도 식물섬유를 먹을까?

식물의 세포가 동물의 세포와 가장 큰 다른 점은 식물의 세포에는 셀루로즈로 되어 있는 세포벽이 있다는 점이다. 셀루로즈는 수소결합이라는 아주 강인한 구조로 되어 있어서 쉽게 파괴되지 않는다.

지구상에 공룡이 나타났던 머나먼 옛날, 수중(水中)에 살던 조류(藻類)와 같은 식물이 지상에 진출하기 위해서는 몸체를 지탱하기 위한 물질이 필요했는데, 그때 강인한 셀루로즈를 개발하여 진출했다는 것이다.

대부분의 초식동물은 소화기관 중에 강인한 셀루로즈를 발효 분해할 수 있는 기생생물이 공생하고 있다. 유감스럽게도 인간은 말이나 소처럼 체내에서 셀루로즈를 분해할 수 없다. 그렇다면 식물섬유가 인체에 매우 좋다는 것은 무슨 이야기인가?

인간이 식물섬유를 먹으면 그것을 먹이로 하는 유산균이나 선옥균이 증가해서 장의 활동을 도와주고, 또 식물섬유는 유해물질을 흡수해서 장을 자극하여 통변이 용이하도록 도와주며 장 청소까지도 도와준다. 비록 그 자체에는 영양분이 없으나 몸 전체의 좋은 컨디션을 유지시키는 여러 가지 역할을 수행한다.

그렇다면 육식만 즐기는 사자는 이처럼 좋은 식물섬유를 포기하고 있는 것일까? 어디 그럴 리가 있겠는가? 사자는 먹잇감을 잡아 놀랍게도 제일 먼저 식물섬유가 아직 소화되지 않은 채 남아 있는 腸(장)부터 먹는다고 한다.

황야의 무법자, 사마귀

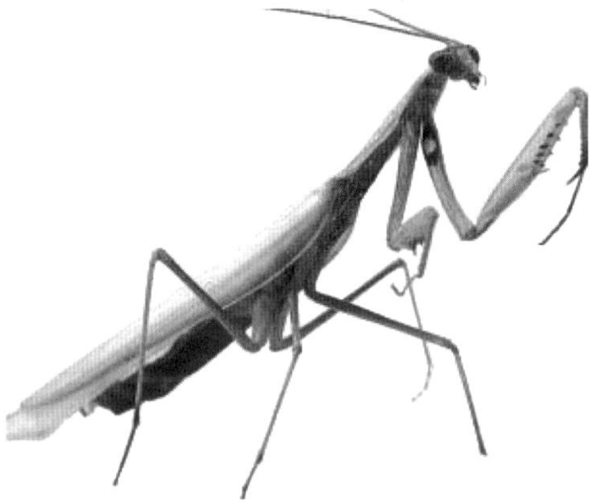

사마귀는 영어로 'mantis', 점쟁이란 뜻인데, 옛날 그리스인들이 사마귀가 초자연적 힘을 가졌다고 믿은 데서 나온 이름이다. 게다가 사마귀의 타액은 사람을 장님으로 만든다는 설도 있는데? 확인할 길은 없다. 그래서 그런지 별명이 devil's horse이다.

사마귀는 역삼각형 얼굴의 정면에 큰 눈이 붙어 있다. 두 개의 눈으로 보아서 먹잇감까지의 거리 측정이 가능하고, 몸을 움직이지 않고도 먹잇감을 정면으로 볼 수 있게 목이 최대 300도까지 움직일 수 있다.

초식의 얼룩말은 눈이 좁고 길쭉한 얼굴의 옆에 붙어 있어서 시야가 넓어 적을 발견하기 쉽다. 하지만 육식의 사자는 목표까지의 정확한 거리를 측정 가능토록 얼굴 정면에 붙어 있다.

곤충세계에서도 사마귀 같은 육식 곤충은 눈이 정면에 붙어 있고 메

뚜기 같은 초식 곤충은 얼굴 옆에 붙어 있어서 동물세계와 동일한 콘셉트의 디자인인 것으로 보아 자연의 섭리는 오묘한 것임을 확인할 수 있다. 가까이 다가가도 꿈쩍도 않고 노려보는 사마귀의 눈을 보면 좀 섬뜩한 생각이 든다.

움직이는 것이라면 뭐든 잡아먹는 동족포식(cannibalism)의 잔혹한 살생유전자 때문에 사마귀 수컷은 암컷에게 들키지 않으려고 뒤에서 살짝 접근하여 자기보다 훨씬 큰 암컷 위에 올라가 암놈의 가슴팍을 꽉 붙잡고 짝짓기를 하지 않으면 안 된다. 목숨을 걸고 하는 행위이다.

만일 짝짓기 중에라도 잡히면 그대로 먹혀 버리기 때문에 (sexual cannibalism) 긴장 속에 치르는 행사이다. 만일의 경우 암컷에게 머리를 씹혀 먹혀도 하반신은 더 강렬하게 정자를 쏟아 낼 정도로 수컷의 짝짓기에 대한 집념은 상상을 초월한다.

곤충도 짝짓기의 황홀함을 느낄 수 있을까? 이토록 위험천만한 리스크를 감수할 정도로 종족 보존을 위한 본능이 그토록 강하다는 것만으로는 설명이 부족한 듯하다. 짝짓기 행위가 끝난 후에도 재빨리 피하지 않으면 안 되는 수컷의 아슬아슬한 운명.

사랑해야 하는 신랑마저 잡아먹을 정도로 눈앞의 먹잇감은 무엇이든 잡아먹는다. 침을 갖고 있는 벌도 예외는 아니다. 과연 곤충계의무법자랄 수 있다.

먹잇감을 발견한 사마귀는 흡사 바람에 흔들리는 풀처럼 몸을 좌우로 흔들며 지상 최고의 위장전술로 접근해서 사정거리에 도달하면 잽싸게 두 앞발을 뻗어 포획하는데, 이때 걸리는 시간은 겨우 0.05초. 인간의 눈 깜빡이는 시간이 0.1초임을 감안하면 실로 찰나 중의 찰나.

이 재빠른 공격법은 중국의 유명한 당랑권법의 모델이 되었을 정도이다. 쿵푸의 달인 왕랑이 사마귀가 매미를 공격하는 것을 보고 영감을 얻어 창안하였다고 전해진다.

사마귀에게 무서운 것은 없다. 설사 적의 공격을 받는다 해도 마치 복서처럼 전투 자세를 잡고 날개를 최대한 펴서 적을 오히려 위협하는 것이다. 진화 과정에서 공포를 느끼는 DNA는 완전히 사라져 버린 듯하다. 이 지구상에서 배짱이 가장 센 생물이 아닐까? 나 같은 겁쟁이는 그저 부럽기만 하다. 하지만 불쌍하게도 상대를 가리지 않고 도전하다가 때로는 비극적으로 끝나기도 한다.

'당랑거철(螳螂拒轍)'이란 말은 수레를 노려보며 비킬 생각을 않는 사마귀의 모습을 그린 고사성어이다. 양쪽 다리를 모아 흔드는 모습이 마치 예배드리는 모습이라 하여 '예배드리는 곤충(Praying mantis)'으로도 불린다. 세계적으로 2,000여 종이 있으며 우리나라에는 7종이 서식한다.

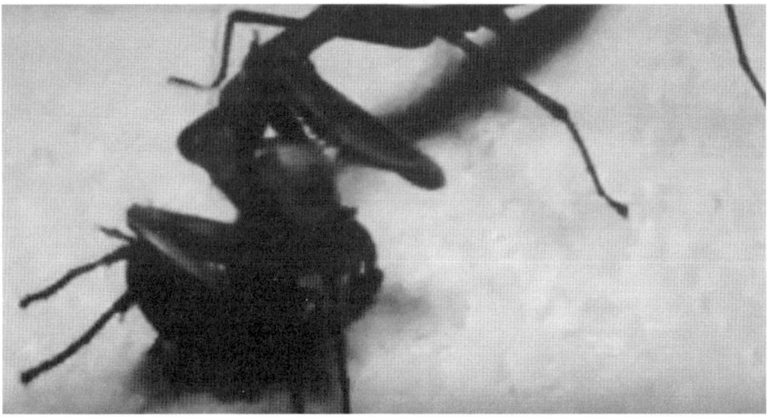

곤충계의 먹이사슬 최정점에 있는 포식자들인 왕사마귀와 장수말벌 간의 생사를 건 싸움의 승자는 누구일까? 마치 호랑이와 사자의 싸움을 연상케 하는데, 좀처럼 승부가 나지 않는 것으로 알려져 있다.

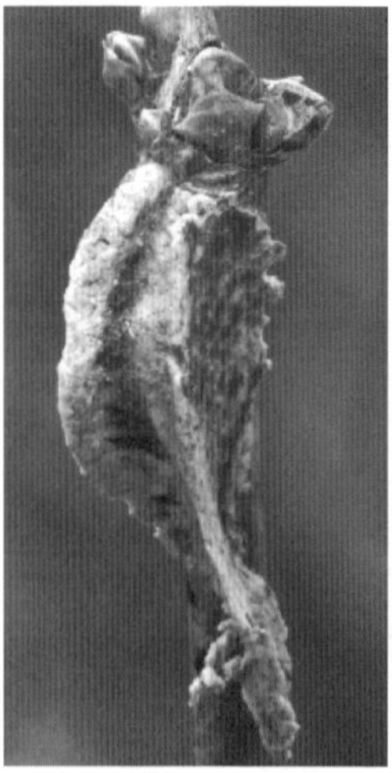

▎사마귀 알집(수수꽃다리)

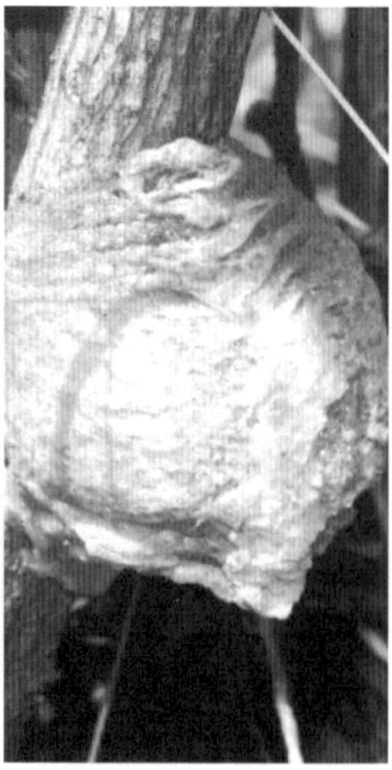

▎왕사마귀 알집(산당화)

▎왕사마귀의 부화 과정

아무리 곤충계의 먹이사슬의 최정상 포식자라 할지라도 막 나오면서 약충 시절에는 개미에게 속절없이 먹히는 경우도 많다.

• 외계에서 온 괴물

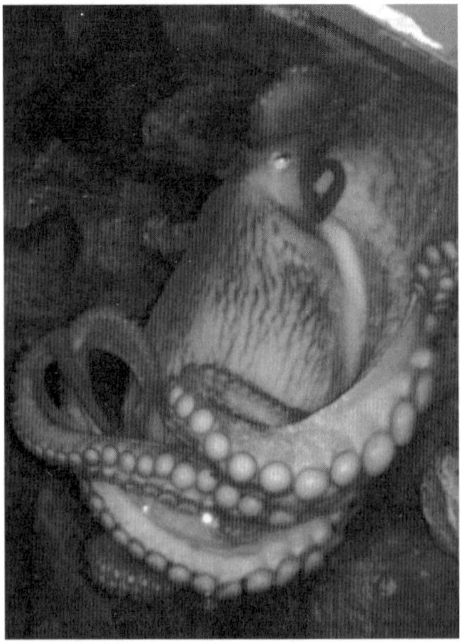

옛날 만년필처럼 먹물이 있고 앵무새처럼 부리가 있으며 뱀처럼 독이 있다. 성인만큼 무겁고 자동차만큼 길지만 오렌지 크기의 구멍에 들어갈 수 있다. 색과 모양도 바꾸며 피부로 맛을 느낄 수도 있다. 생김새로 보아서는 외계에서 온 괴물이 틀림없어 보이지만, 5억 년 이상 대양에서 살아온 아주 영리한 터줏대감이다.

태평양거대문어는 8㎝정도 크기의 빨판 하나만으로도 13㎏ 정도의 무게를 들어 올릴 수 있는데 그런 빨판이 1,600개나 온 팔을 뒤덮고 있다. 뭔가 깨무는 순간 살을 녹이는 신경 독을 주입하기도 한다.

기묘하게도 8개의 다리를 잘 활용하여 바다에서뿐 아니라 육지에서도 잘 걷는다. 여덟 개의 다리는 머리에서 명령이 내려가지 않아도 제각기 독자적으로 움직인다. 이러니 문어발 경영이란 말도 생겨난 모양이다.

8개의 다리가 모두 머리에서 난 것처럼 보이지만 사실 다리가 난 둥근 부분은 머리가 아니라 몸체이며, 이 속에 내장이 들어 있다. 머리는 보통의 동물과는 반대로 몸체의 제일 아랫부분에 붙어 있다. 거기에 입과 두 개의 눈이 있으며, 8개의 다리는 입을 감싸고 있는 모양새이다.

다리는 몸체에서 나서 위를 향하는 것처럼 보이지만 사실은 머리에서 나서 아래를 향하고 있다. 그렇다면 사람을 거꾸로 세워 놓은 모양일 것처럼 보이지만, 항문 위치를 보면 그렇지도 않다. 제일 위에 있어야 할 항문은 볼록 튀어나와 동체의 아래에 붙어 있다.

문어류는 다리가 머리에 붙어 있어서 두족류(頭足類)라고 부른다. 문어의 입은 날카로운 이빨로 조개를 잡아 그 견고한 껍질을 손쉽게 부수면서 먹는다.

문어의 게놈은 인간만큼이나 크며, 신경세포의 발달과 상호조절을 관장하는 유전자의 숫자는 포유류의 두 배에 달하고, 단백질코팅 유전자는 사람보다 많을 정도로 고등생물이라는 점은 고대 사람들도 알고 있던 듯 문어(文魚)라는 그 이름에서도 알 수 있다.

모든 문어가 모습을 잘 바꿀 수 있지만 그중에서도 미믹 옥토퍼스(Mimic Octopus)는 주변에 살고 있는 생물들의 모습 수십 가지를 아주 짧은 순간에 흉내 낼 수 있다. 영악하게도 자기를 공격하는 동물이 가장 무서워하는 천적의 모습으로 즉각 변신하기도 한다. 고도의 지능이 있다는 증거이다.

문어는 단체행동은 싫어하고 언제나 개별행동을 하는데 사마귀처럼 짝짓기 과정에서 암컷이 수컷을 잡아먹기도(Sexual cannibalism)하고, 또 다른 문어도 잡아먹는 잔학한 동족포식자(cannibalism)이다. 또 특정 장소에 갇혀 오랫동안 먹지 못하면 마지막 수단으로 자신의 다리를 뜯어먹기까지 하며 몇 달이고 연명해 간다.

암컷 문어는 20,000-100,000개의 알을 며칠에 걸쳐 낳은 뒤 부화할 때까지 아무것도 먹지 않고 포식자의 침입을 지극정성으로 경계한다. 그리고 드디어 알들이 부화하면 기진하여 죽고 만다. 지극숭고한 모성애이다.

오스트레일리아 시와이 오코너 빌리지의 에드워드 스틸 박사 등 전 세계 과학자 33명이 "문어는 외계에서 온 생명체"라는 주장을 2018년 초 학술지『생물물리학과 분자생물학의 진보』를 통하여 공식 제기하였다.

이들은 얼음 운석을 타고 지구에 날아온 냉동 배아가 문어를 진화시킨 씨앗이 됐다는 가설을 제시했다. 지구 유전자와 외계 유전자가 섞여 문어 같은 두족류를 만들어 냈다는 것이다.

하지만 유럽항공우주국(ESA)에서 화성 연구에 관여하고 있는 우주생물학자 프란시스 웨스톨은 '뉴스위크'와의 인터뷰에서 "자연은 이미 놀랍다. 그걸 꼭 외계를 끌어들여 설명할 필요를 느끼진 못한다."며 이 같은 주장을 비판하였다.

지구의 다른 생명체와 비교하여 너무나도 이상하게 생긴 문어의 모습 때문에 이런 기이한 논쟁이 일어나는 것이다. 과연 진실은 무엇일까 궁금하다.

어느 천재 벌레의 과제

도토리거위벌레의 일생을 들여다보면 참으로 지능이 좋은 벌레라고 감탄할 것이다. 작은 벌레라고 결코 얕볼 수 없는 일면이 있다. 여기서 언급되는 시기는 국립수목원 기준으로, 지역에 따라 다를 수 있다.

성충은 약 8㎜의 몸길이에 날개 길이와 비슷한 길이의 긴 주둥이를 갖고 있으며, 7월 말이나 8월경에 이제 막 생겨난 어린 도토리에 꼬박 반나절이 걸려 구멍을 뚫고 산란관을 꽂아 알을 한 개만 낳는다.

보통은 오후 5시경에 낳고 어두워지기 전에 산후조리를 할 틈도 없이 바로 도토리에서 한 뼘 정도 떨어진 가지를 자르기 시작한다. 톱니바퀴처럼 둘러 있는 이빨로 톱질을 하여 서너 시간 걸려 면도칼로 자른 것처럼 예리하게 가지를 잘라 낸다. 성충 한 마리가 20-30개의 알을 낳는다고 하니 엄청난 수의 가지가 잘려 나가는 것이다.

이 잘려 나가는 모습을 보는 다람쥐의 마음은 얼마나 아플까? 가뜩이나 식량 부족에 시달리는 멧돼지도 어쩌지 못하고 쳐다만 보아야 하는 그 아픈 심정을 누가 알아주랴.

그렇다면 왜 잘라 내야만 할까? 도토리 속의 알은 6일 정도 후에 부화하여 유충이 되는데, 그 유충은 어린 도토리 안에 있는 부드러운 과육이나 즙을 먹고 자란다. 만일 자르지 않으면 도토리가 성장하면서 딱딱하게 굳어져서 먹기에 애로가 생기기 때문이다. 그리고 날개도 없는 유충이 그 높은 데서 땅으로 내려오기 어려워서일 거라는 부차적인 이유도 있다.

사진처럼 땅에 떨어뜨릴 때에는 반드시 잎이 달려 있는 이유는 무엇일까? 높은 데서 떨어지기 때문에 잎이 낙하산 구실을 하여 소프트 랜딩을 하여 알을 보호하려는 목적이다.

애벌레가 도토리 안에 머무는 기간은 알인 상태로 6일, 부화한 후 애벌레 상태로 15일 정도로 도합 약 3주간인데, 그 3주 동안은 도토리가 신선도를 유지하는 것으로 알려져 있다. 이런 것까지 고려했단 말인가? 믿어지지 않는다.

애벌레는 3주 후 도토리에서 나와 땅속 3~9㎝ 깊이까지 들어가 흙집을 짓고 월동한다. 유충 상태로 월동하고, 이듬해 5월 하순경에 번데기가 되었다가 성충으로 자란다. 어른벌레가 된 놈들은 참나무를 타고 올라가 산란 행위를 벌인다.

지구 온난화가 이들의 삶을 도와주어 도토리거위벌레의 개체 수는 날로 증가하는 추세이다. 그 결과 도토리 생산에 지대한 영향을 미치며, 멧돼지나 다람쥐 같은 많은 숲속 생물들에게 큰 타격을 입히고 있는 현실이다.

하지만 이 천재 벌레에게도 개발해야 할 과제가 아직 남아 있다. 잘라낸 가지가 길바닥에 떨어져서 사람들에게 밟히거나 자동차 바퀴에 깔려서 헛수고로 돌아가는 비율이 높다는 것이다. 언젠가(천만년 후?)는 자를 때 가지에 특별한 센서를 달아 길에는 절대 낙하하지 않도록 유도하는 장치를 개발하고야 말 것이라고 추측해 본다.

■ **생체 모방 기술**(Biomimetics)

도토리거위벌레가 뚫는 구멍은 입구는 좁지만 안으로 들어갈수록 넓게 파여져 있는데, 바로 이 기술을 응용한 것이 확공형 드릴(일반적인 드릴의 회전모터에 길이 조절이 가능한 모터를 추가한 것)이다.

• 미션파서블 스텔스 모기

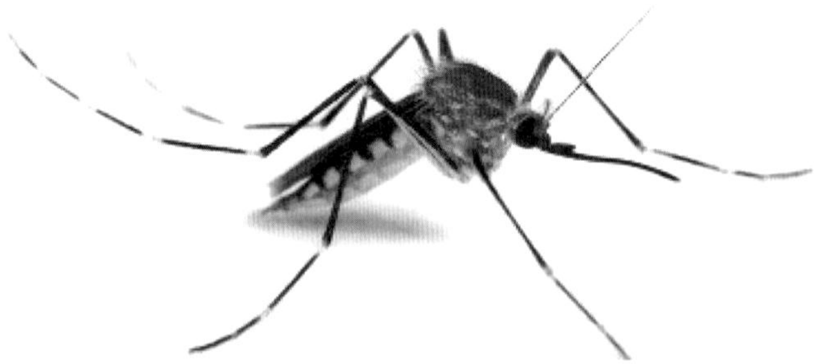

커 봐야 1.5㎝의 작은 몸으로부터 나오는 왱왱거리는 그 소리 때문에 성가셨던 기억을 누구나 갖고 있다. 인간과 모기의 쫓고 쫓기는 갈등의 역사는 인간이 출현하며 생긴 200만 년의 전쟁이다. 모기는 인간보다 훨씬 앞선 1억4,500만 년 전에 출현하였으며 온대, 열대, 사막, 북극, 툰드라, 해안 등 지구상의 어디든 가리지 않고 서식한다.

지구력이 약하여 하늘에 오래 머무를 수 없는 약점을 극복하며 최고 시속 668㎞의 무서운 속도를 이용하여 몇 겹의 방어망을 뚫고 적진 깊숙이 침투하여, 4개의 침을 이용하여 거대한 적의 체내에 숨겨져 있는 목표물을 탈취하여 무사히 귀환하는 것이 미션이다. 이런 중대 임무 완수 이야기는 할리우드 영화 속 여성 주인공의 맹렬성에 딱 어울리는 이야기이지만, 사실 이 주인공 히로인은 우리들의 피를 빨아먹는 산란기의 암컷모기이다.

집에 잠입하기 위해서는 몇 겹의 방어망을 뚫고, 어떻게 엘리베이터

스위치를 누르고 탔는지 모르지만 겨우겨우 40층 높이까지 잠입하여 들어가면 독가스(모기약)가 기다린다. 사람의 체온이나 호흡을 감지한 후 용감하게 접근하여 민첩하게 피를 빨아야 한다.

피부에 침을 꽂는 일도 간단하지 않다. 먼저 모세혈관에 진통 효과, 마비 효과, 피가 응고되지 않도록 하는 목적의 수액을 주입한다. 그런 연후 수 초 안에 피를 빨아들여야 한다. 그 사이에 발각되면 어마어마한 인간의 장풍이 날아든다. 조마조마한 손에 땀을 쥐는 위기일발의 순간이다.

하지만 정작 큰일은 지금부터의 탈출이다. 침입할 때는 망의 작은 틈으로 어찌어찌 들어갈 수 있었지만 나올 때는 그 틈이 좀처럼 보이지 않기 때문이다. 원래의 체중이 불과 2-3㎎인데 피를 빨아들인 후의 무게는 5-7㎎.

두 배나 더 무거워진 몸을 안고 그 삼엄한 망을 뚫고 드디어 집에 도착한 모기의 안도하는 기분을 상상해 본다. 요즘에는 인간의 어떠한 첨단 감시 장비에도 노출되지 않는 스텔스 기능의 모기들이 등장하였다.

3,000종에 이르는 종류의 모기들은 생태계의 파괴로 천적들이 거의 사라져 그네들의 독무대가 되었고, 1초에 약 1,000번의 가공할 날갯짓을 하며 자유로이 돌아다니며 뇌염, 말라리아를 통하여 수백만 명의 인간들의 목숨을 앗아 가고 있다. 인간과의 한판승부는 앞으로도 계속될 모양이다.

우리가 알고 있는 보통의 모기는 꽃의 꿀이나 식물의 즙을 먹고 살아가지만, 비교적 희귀한 흡혈모기의 암컷은 알을 낳기 위해 동물성 단백질이 필요하다. 그 단백질을 구하기 위해서는 인간을 포함한 포유류,

조류, 파충류를 공격하여 피를 빨아들이지 않으면 안 된다. 이 귀찮은 흡혈귀도 결국은 자식을 위해 목숨을 거는 엄마인 것이다.

그렇다면 수컷모기는 뭘 하는가? 집 밖에서 많은 무리의 수컷들이 떼를 지어 날고 있다. 집단으로 윙윙거리며 암컷에 접근한다. 암컷은 이 중 한 마리 수컷을 골라 짝짓기를 한다. 짝짓기를 마친 암모기는 결사의 각오로 인간들의 집 속으로 돌진한다. 그냥 무리지어 놀기만 하는 수컷들은 용감한 암컷들에 비하면 참 팔자가 좋다는 생각이 든다.

동물계에는 하이에나 같이 죽은 고기를 먹는 것과 치타 같이 신선한 살코기만을 먹는 것, 그리고 드라큘라를 연상시키는 흡혈 동물이 있다. 드라큘라는 사람의 피를 빨기 위해 예리한 이빨을 갖고 있지만, 모기는 그런 으스스한 것은 없고 대신 피를 응고시키지 않는 물질을 갖고 있다. 모기에 물린 뒤 가려운 것은 이 응고방지물질 때문이다. 빨아들인 피를 하룻밤에 걸쳐 소화시키고 그 영양으로 알을 만든다.

재미있는 것은 피를 빨아들인 모기는 하얀 벽에 머무는 때가 많다. 여기에 반해 피를 빨려고 하는 모기는 어두운 곳이 숨어 있다. 이 때문에 모기가 귀찮아 전등을 켜서 쫓으려 해도 발견되는 것은 이미 피를 빨아들인 모기뿐. 수컷은 과일즙만 빨기에 흡혈귀는 아니다.

흡혈성의 동물들은 살아 움직이는 자기보다 엄청 큰 동물의 피를 빨아야 하는데, 그 동물을 쫓아다닐 수는 없기에 어딘가 숨어 있다가 그 동물이 나타나기만을 기다린다. 그들은 자는 듯하지만 후각기관은 절대 자지 않고 깨어 기다리며 한없는 인내심을 발휘한다.

박쥐의 첨단 시스템

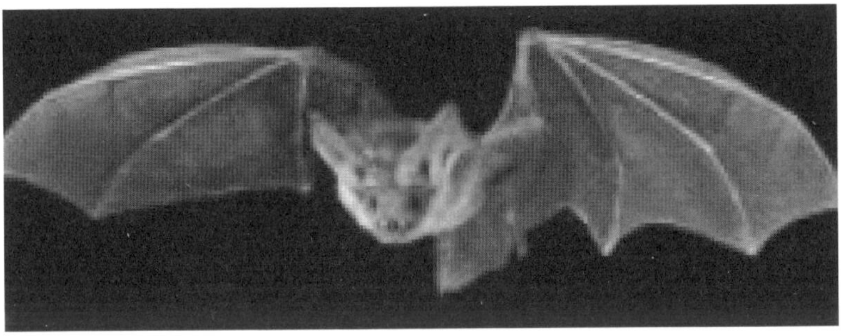

박쥐는 날아다니는 포유동물로 1,000여 종이 남극을 제외한 전 대륙에 분포되어 있다. 현생 포유동물 중 가장 오래전인 4억 년 전에 출현하여 공룡도 사라지게 한 엄청난 환경 변화에도 살아남았다.

대형 포유동물처럼 새끼를 하나만 낳아 소산소사(小產小死) 전략을 편다. 다리뼈가 약해서 직립은 불가능하며, 발톱을 사용하여 거꾸로 매달리면 연결된 힘줄이 수축해서 쉽게 붙기 때문에 에너지 소모가 거의 없다. 1평방미터당 1,800마리가 초과밀집으로 살아도 불편함이 없다고 한다.

박쥐는 어떻게 어두운 데서 벽이나 물체에 부딪치지 않고 자유롭게 날아다닐 수 있을까? 눈을 가려 보았으나 아무 지장 없이 똑같이 자유로이 날아다녔다. 밀폐된 방의 천장에 줄을 달고 그 끝에 종을 달아서 혹시 부딪치면 소리가 나게 하였지만, 눈을 가린 상태에서도 소리는 나지 않았다.

이번에는 귀를 막아 보았더니 소리가 울렸다. 소리로 실의 위치를 감지하기 때문이다. 소리의 반사를 이용하는 생물은 이빨고래, 조류, 물고기 등 수도 없이 많지만 그중에서도 가장 정교하게 사용하는 박쥐는 인간은 들을 수 없는 초음파 소리를 내어 그 반사음으로 자신과 대상물의 위치를 안다.

박쥐의 밤 사냥은 완전한 어둠 속에서 벌어지는 멋진 공중 난투극이다. 그 싸움은 언제나 고속추격 등 특수 시스템을 사용하는 박쥐의 승리로 끝난다. 현대의 과학조차도 박쥐는 생체모방기술의 훌륭한 대상이다. 멀리서 들려오는 악대소리 중 북소리가 가장 잘 들리는 것은 저음이 잘 퍼지기 때문이고, 가까이서 잘 들리는 트럼펫 소리의 높은 음은 목표물을 향해 집중적으로 뻗어 나가기 때문이다.

박쥐는 날갯짓 한 번에 한두 번의 울음소리를 내는 것만으로도 주변 상황을 완벽하게 장악한다. 즉, 반향정위(echolocation, 反響定位)이다. 작은 모기를 실수 없이 단 한 번의 사냥으로 잡아먹을 정도로 그 스캔의 정밀도는 가히 놀라울 정도이다.

박쥐는 자기가 내는 메아리에만 귀 기울이는 것이 아니다. 나뭇가지에 앉아 암컷을 부르는 개구리 소리도 잡아낸다. 맛있는 개구리와 맛없는 거북의 울음소리를 정확히 구분한다. 상당수의 개구리들은 박쥐를 속이기 위해 거북 울음소리를 흉내 낸다는 설도 있다. 소리로 판단하는 박쥐의 미인의 기준은 무엇일까 궁금하다.

나방, 하루살이, 모기를 주식으로 삼고 있는데, 평균 체중 30-40gr의 박쥐는 매일 밤 10-15gr을 먹어야 하는데 모기는 기껏 몇 mgr밖에 안 나가니 디저트 정도에 불과할 것이다. 박쥐는 작은 박쥐와 큰 박쥐로 나누는데 위에 언급한 것은 작은 박쥐로 영어로는 'bat'.

큰 박쥐(flying fox)는 몸집이 크며, 모기 같은 것을 잡아먹고 살지 않고 나뭇가지에 앉아 과실을 먹고 산다. 사실 식물을 먹고사는 동물은 일반적으로 몸집이 크다. 식물을 먹는 쪽은 비교적 대량으로 먹어야 필요한 영양분을 섭취할 수 있기 때문이다. 큰 박쥐는 초음파를 사용하지 않고 우리도 들을 수 있는 보통 소리를 내며 눈을 사용한다.

박쥐와 네펜데스 사이의 재미있는 공조관계가 있다. 네펜데스는 박쥐의 음파를 잘 반사할 수 있는 구조를 갖고 있어서 네펜데스의 구멍 속은 박쥐에게는 익숙한 잠자리이다. 박쥐가 자면서 배설하는 것들은 네펜데스가 맛있게 먹는 최고의 음식이다.

슈퍼맨 바퀴벌레

'총탄보다 빠르고, 기관차보다 강하고 고층빌딩처럼 높이 날아다닌다.' 이 문구는 슈퍼맨의 비현실적 이야기인 듯 보이지만, 실은 우리 주위에서 쉽게 발견할 수 있는 바퀴벌레의 이야기이다.

순간 최고속도는 시속 150㎞가 넘으며, 최고의 순발력으로 불과 0.5초 사이에 위험을 간파하고 적을 피한다. 정보를 인식해서 행동으로 이행하는 데 걸리는 시간은 1,000분의 1초로 사람보다 100배나 빠르다. 스파이더맨처럼 벽이나 천장을 타기도 하고 공중을 날아다니기도 하는 불사신의 육체를 갖고 있다. 이런 무적의 슈퍼맨은 놀랍게도 우리 모두가 싫어하는 바퀴벌레인 것이다.

곤충의 몸은 인간과 같이 큰 뇌가 정보를 처리하는 게 아니라 복수의 작은 뇌와 신경중추를 몸의 여기저기에 분산시켜 몸의 각 부위가 조건 반사적으로 반응하도록 되어 있다. 위기에 신속 대응이 가능한 이유이다. 사고로 머리가 부서져도 몸체는 도망갈 수 있다. 특제 슈퍼맨인 것이다. 그네들은 하나만의 머리에 전 생명을 의탁하고 있는 위험천만의 인간들을 어떻게 보고 있을까?

바퀴벌레는 3억 년 이상 전 고생대부터 지금까지 거의 변함없는 모습으로 종횡무진 활동한다. 고생대라고 하면 아직 공룡도 나타나지 않는 옛날. 그 기나긴 세월 동안 무수한 위험을 극복하고 현재까지 살아남은 것이다. 인류가 나타난 것은 거의 200만 년 전이니, 그네들 보기에는 어제 새로 입사한 신입사원에 불과한 것.

그 인류가 대선배인 바퀴벌레의 생활에 지대한 영향을 끼쳤다. 따뜻하고 먹이도 풍부한 숲에서 살던 바퀴벌레에게 인간의 주거지는 더욱더 편안한 생활터전이 되었다. 인류에게는 바퀴벌레와는 함께 오랜 세월을 같이 지냈다고 여겨지지만, 바퀴벌레 입장에서는 극히 최근의 일에 불과할 것이다.

coelacanth(=백악기에 멸종되었다고 여겨졌으나 1938년 남아프리카 앞바다에서 발견된 살아 있는 화석, 경골어류) 같이 고대의 모습을 그대로 간직하고 있는 생물은 '살아 있는 화석'으로 불리며 소중하게 취급되고 있지만, 바퀴벌레는 똑같이 살아 있는 화석이면서도 여기저기서 퇴치되고 있는 혹독한 취급을 받고 있다.

바퀴벌레와 같이 고생대 모습그대로 간직하고 있는 것으로는 흰개미나 좀이 있을 뿐인데, 흰개미는 기둥을 갉아먹고 좀은 책을 갉아 먹어서 골치다. 곤충계의 살아 있는 화석은 거의 해충으로 구제 대상이다.

아무리 아무리 퇴치되어도 바퀴벌레는 진화 과정에서 훨씬 후배인 인간에게 지고 싶은 생각은 없을 테다. 최근에는 살충제에도 죽지 않는 저항성의 바퀴벌레도 출현하고 있다. 방사선에도 강하므로 핵전쟁으로 인간은 멸망해도 살아남을 것임에는 틀림없다. 아무것도 먹지 않고서도 8일을 견디고 물만 있으면 24일까지 견디는 것은 몸속에 항상 비상 영양분을 비축해 두고 있기 때문이다.

카라반 고슴도치

영국인들이 가장 친근감을 느낀다는 고슴도치는 1500만 년 동안 변함없이 어두운 데서 게걸스럽게 곤충을 먹어 치웠다. 돌이 되기 전에 절반이 죽고, 100마리 중 한 마리만 5년을 넘긴다. 독에 대한 면역력이 강하여, 기니피그를 5분 내에 죽이는 살무사에게 물려도 살아남는다.

야행성이라 해서 밤에만 다니는 게 아니다. 낮에 다닐 때에는 사막의 카라반처럼 한 가족(아빠는 없고 엄마와 새끼 7마리 정도들)이 일렬종대로 마치 기차처럼 긴 행렬을 이룬다. 왜 적에게 노출되기 쉬운 대열로 다니는 것일까? 알다가도 모를 일이다.

최근 식충목(目)에서 고슴도치목으로 개정되었다. 고슴도치는 두더지와 같이 식충류이다. 설치류는 이름 그대로 갉아 먹을 수 있는 예리한 이빨을 갖고 있으나, 식충류는 이빨이 그다지 발달하지 않았기에 부드러운 지렁이 같은 것을 좋아한다.

고슴도치가 일렬종대로 카라반같이 다니는 것은 식충류이기 때문이다. 식충류는 눈이 거의 보이지 않아서 확실하게 엄마나 형제의 꽁무니를 물고 따라가지 않으면 언제 낙오될지 모르기 때문이다.

야행성이거나 눈이 보이지 않는 동물은 후각이 발달되어 있는 게 보통이다. 고슴도치도 과연 그럴까? 특별하게도 그네들은 후각이 아닌 청각으로 먹이를 잡는다. 벌레들이 낙엽을 스치는 아주 미세한 소리를 캐치하여 벌레를 잡아먹는다.

16종의 고슴도치과 중 진정한 고슴도치는 몸의 털을 가시로 바꾸는 능력이 있다. 수컷 고슴도치에 나 있는 5,000여 개의 뾰족한 털들은 위험을 감지하면 근육의 움직임 한 번으로 일제히 곤두선다. 가시 속은 빈 털이지만 케라틴으로 보강되어 있어서 엄청 강하여 가시 하나만 잡고 고슴도치를 들어도 부러지지 않을 정도이다.

'머리털이 쭈뼛 선다.'라는 말이 여기서 나왔다. 이 훌륭한 방어 행동은 수백 만 년 동안 검증되어 왔다. 여기서 유명한 동화 '토끼와 고슴도치'를 소개해 본다.

토끼와 고슴도치는 금화 한 닢을 걸고 달리기 경주를 하기로 하였다. 달리기에 앞서 고슴도치는 잠깐 아침 먹으러 가는 척하고 집에 가서 아내에게 미리 결승선에 가 있으라고 하고 돌아와서 경기를 하였는데, 아시다시피 게임이 되지 않는 게임이기에 당연히 토끼는 전력 질주하여 결승선에 먼저 와 보니 이미 고슴도치가 도착하여 있었다. 토기는 한 번 더 해 보자고 하고 역시 질주하여 돌아와 보니 또 이미 고슴도치가 결승선에서 기다리고 있는 것이 아닌가? 이렇게 시작한 경기는 73회나 반복되었고 끝내 토끼는 지쳐 죽고 말았다.

힘없는 고슴도치가 기지를 발휘하여 암수를 구별 못한 토끼를 이기는 교훈적인 이야기이다.

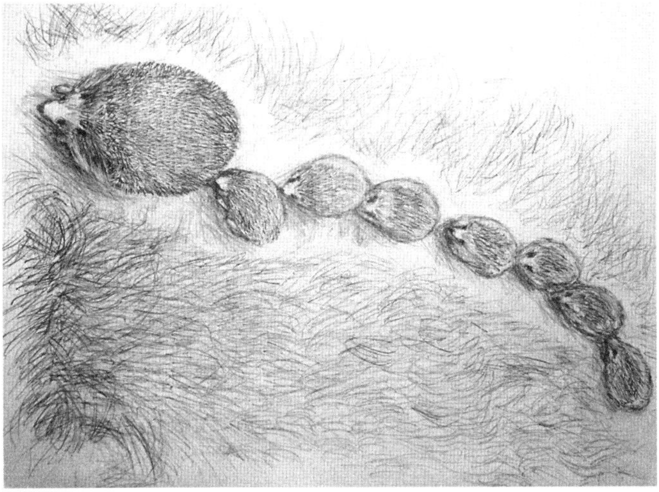

스케치제공: 김경래 화백님

말벌들의 철통방어

수목원에서 제일 두려운 존재로 어디를 가나 말벌을 조심하라는 경고판을 볼 수 있는데, 실제로 쏘여서 의식불명 상태로 쓰러지는 경우도 간혹 발생한다.

벌목(目)은 딱정벌레목, 파리목, 나비목과 함께 곤충의 4대목(大目) 중의 하나이며 그중 말벌은 '벌 중에서도 큰 벌'이란 뜻으로 붙여진 이름이며, 보통의 벌은 침을 쏠 때에 내장도 함께 빠져나가 죽지만 말벌은 주사바늘처럼 찔렀다 뺐다를 반복할 수 있다는 점에서 보통의 벌과는 다르다.

기찻길 차단기는 노란색과 검정색으로 되어 있다. 검정은 후퇴 색이므로 진출색인 노랑이 검정과 만날 때 더더욱 눈에 띄게 되는 것. 이 색 배합은 안전을 중요시하는 곳이라면 어디서나 사용되는 이유이다. 벌도 이와 같은 색 배합이므로 자신의 몸을 확실히 선명하게 드러내기 위함이다.

클라운피쉬(Clownfish)처럼 물고기들에서는 쉽게 이 도발적인 색 배합을 발견할 수 있지만, 곤충들에게서는 드문 일이다. 곤충들은 천적인 새들로부터 자신을 지키기 위해 보호색을 띠는 것이 보통인 데 반하여, 벌은 특별무기인 침을 소유하고 있으므로, 실수로 새들에게 잡혀 먹히는 위험한 싸움을 하기보다는 '자신은 위험한 곤충이니까 손대지 말라.'라고 오히려 새 같은 강자들에게 사전 경고하는 쪽이 쌍방 이익인 것이다.

둥지를 떠난 지 얼마 되지 않은 애송이 새들은 실수로 벌을 먹기도 하지만, 한번 매운맛을 보면 노랑과 검정색의 곤충을 경계할 것은 틀림없다. 말벌이나 쌍살벌은 종류가 다르지만 같은 색을 하고 있는 것은 새들이 위험을 쉽게 식별토록 하는데 효과적이기 때문이다.

벌 중에서 가장 위험한 것은 말벌 종류이다. 그중 큰 말벌은 세계 최대급의 크기를 자랑한다. 또 들에서뿐만 아니라 도시에도 잠입하여 고기나 생선을 먹이로 하는 노랑말벌도 급증하고 있다. 야생동물에 의한 사망자는 곰이나 살무사보다 말벌에 의한 수가 압도적이다. 특히 9-10월 동안 피해가 많은 원인은 말벌이 가장 활발하게 활동하는 때가 가을 행락철과 겹쳐 피해가 커지는 것이다.

말벌은 매우 거친 포식자로 꿀벌은 물론 다른 종류의 말벌도 공격하여 잡아먹기 일쑤이다. 하지만 말벌들이 주로 잡아먹은 나방, 애벌레, 매미, 잠자리 등은 자신의 새끼들에게 먹이고 자신은 수액이나 과일즙 같은 식물성 영양분을 섭취한다. 말벌은 몸통 끝에 독침이 달려 있어 침을 찌르고 주사기처럼 독을 내뿜는다.

특히 살인할 정도의 강력한 독성은 장수말벌(Asia giant hornet)이 갖고 있다. 장수말벌의 독이 치명적인 것은 '만다라톡신'이라는 신경독 때문이다. 이 세상에서 가장 큰 벌인 장수말벌 부대는 땅속에 거대한 집을 짓고 1,000마리나 되는 군대를 갖고 곤충계의 살인청부업자인 왕사마귀마저도 공격해서 완전히 박살을 낸다. 그렇다고 장수말벌의 천적이 없는 것은 아니다. 장수잠자리, 독두꺼비, 오소리, 곰 같은 것들을 두려워한다.

말벌은 방어가 우선으로 괜한 공격은 삼간다. 여름부터 가을에 걸쳐 벌의 수도 증가하고 지켜야 할 영토도 넓어진다. 영토에 인간이 침입하면 정찰부대가 경계비행을 하며 인간 주위를 돌며 윙윙 소리도 내며 위협을 가한다. 그럼에도 알아차리지 못하고 (그런 위협들을 무시하고) 둥지에 계속 접근하면 결국 공격할 수밖에 없는 것이다.

강력한 무기는 침인데 그것은 산란하기 위한 관이 진화해서 생긴 것.

그런고로 침은 암컷에게만 있다. 벌은 집단생활을 하므로 여왕 이외에는 알을 낳지 않아도 되지만 여러 적들로부터 둥지를 지켜 내야 한다. 사회성 있는 벌은 지켜야 할 가족이 있기에 강력한 공격력을 갖고 있다.

여름이 지날 무렵에는 여왕벌이 쇠퇴한다. 죽을 때가 임박한 것을 아는 여왕은 수컷 벌을 생산한다. 수컷 벌은 침이 없어서 도움이 되지 않고 단지 일벌로 자랄 뿐. 그 후 선택된 유충 중에서 차세대 여왕 후보가 자란다. 드디어 세대교체의 때가 된 것이다.

여왕벌이 죽어도 남은 일벌들의 결속은 한결같다. 여왕이 죽은 후 일벌들이 대신 산란하지만 짝짓기하지 않은 일벌들이 낳은 미수정란은 모두 수컷이다.

가을이 되면 새로운 여왕벌과 수컷 벌은 둥지 위를 날아 다른 둥지에서 날아온 벌들과 짝짓기를 한다. 짝짓기를 위해 날아오른 수컷은 짝짓기를 마치자마자 죽는다. 그리고 교미를 마친 여왕은 겨울을 나고 새 가족을 꾸린다.

말벌은 엄청난 규모의 화려한 집을 짓지만 그들은 한 번만 사용하고 버리기에 가을이 되면 그마저 뱀 등의 먹이가 되고 만다. 말벌들이 유난히 사람에게 예민한 것은 평소 자신들을 많이 공격하는 곰과 비슷하게 검은 털이 많이 나 있기 때문이란다.

가장 선한 기린의 눈

기 = 수컷, 린 = 암컷. 심장에서 뇌까지 3m, 인간은 불과 40-50㎝임에도 피가 잘 가지 않아 뇌빈혈을 일으키기 일쑤인데 3m를 올리자면 얼마나 힘들까? 아무리 심장이 인간보다 두 배 이상 크며 혈압도 두 배 이상이라고는 하지만 신비한 동물임에 틀림없다. 그 긴 목은 어디다 쓰려고?

기린은 목을 무기로도 쓰고 정력의 상징으로도 쓴다. 목으로 팔씨름하듯 힘을 겨루기도 하고 철퇴처럼 머리를 휘두르기도 한다. 머리에는 피부로 덮인 뿔이 다섯 개나 숨겨져 있다. 목이 길수록 승률이 높다.

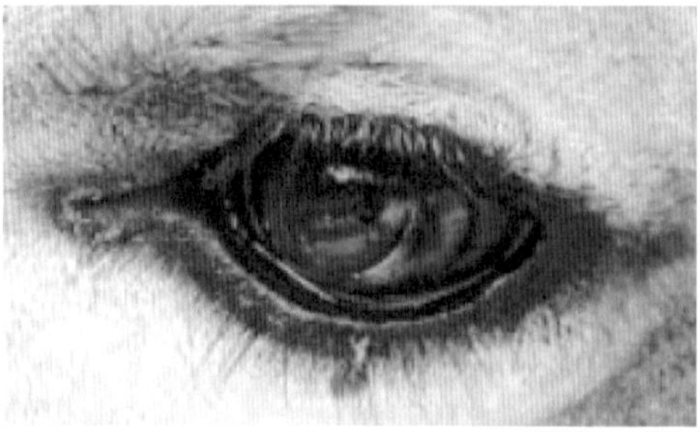

내가 지구상에서 본 가장 선한 눈은 기린의 눈이다. 장성한 기린의 눈은 우리 아기들의 눈, 바로 그 순수하고도 청결한 모습이다. 그 눈을 바라보고 있노라면 '이 험한 세상에서 저렇게 천진난만한 모습으로 어찌 살아남을 수 있을까?' 걱정이 앞선다. 옛날의 공룡 같은 높이이지만, 깜도 안 되는 작은 사자에게 한순간에 허무하게 당하고 마는 모습을 보노라면 지금까지 살아남은 게 기적 같다.

유일한 방어무기인 뒷발차기는 오랜 기간의 진화 과정을 거쳤다면 그토록 헛발질만 할 리가 없지만, 그 순한 눈망울을 보면, 차마 자기의 발길질로 사자를 죽이고 싶지는 않았을 것 같기도 하다.

찰스 다윈보다 먼저 진화 개념을 갖고 있었던 프랑스의 라마루크는 진화의 이유를 기린의 목으로부터 설명했기에 진화론과는 밀접한 관련이 있다. 그의 설명에 의하면, 기린은 아카시아 카루 같은 큰키나무 잎을 먹으려고 계속 목을 높이 늘리다 보니 자식에게까지 유전되어 목이 긴 것이 목이 짧은 기린보다 많이 번성했다고 한다. 이쑤시개만 한 큰 가시 투성이인 아카시아나무의 꼭대기에는 가시도 없고 잎도 여려서 먹기가 편하기에. 하지만 오늘날 생물학계에서는 인정하지 않는 이야기이다.

아카시아나무의 잎의 70%는 물이기 때문에 기린은 물을 따로 마시지 않는다. 낙타보다도 덜 마시는 것은 큰 다행이다. 웅덩이에 물을 마시려고 엉거주춤 구부리며 앞발을 벌리고 있으면 사자의 공격을 받기 십상이기 때문이다.

기린의 혀는 50㎝까지 뻗어 귀를 핥을 수 있는 등 다용도로 매우 요긴하게 쓰인다. 또 기린은 하루에 단 10분 동안 무릎을 꿇고 머리를 바닥에 내려놓고 자는 동안에도 뇌의 절반은 깨어 있다.

몸은 전체적으로 엷은 황갈색 위에 그물망 무늬가 있다. 아프리카 동부 사바나에서는 무성한 아카시아 숲 사이로 숨기에 적합한 마치 사바나의 건조한 지표같이 보인다. 멋진 기린은 여러 가지로 인간의 상상력을 자극하지만 자생지에서 잘 살아남기 위해 우연히 그렇게 발달한 것에 지나지 않는다. 여전히 불가사의는 남아 있다.

• 가족 부양하는 노동자들

대한민국 노동자들의 노동시간은 OECD국가 중 최장인 것은 익히 알려진 사실이다. '일벌레'란 불명예스런 별명까지 갖고 있는데, 하루 8시간만이라도 지켜지는 것이 소원인 것이 현실이다.

그런데 일벌레의 대명사인 꿀벌은 일 5시간 노동, 하지만 주말이나 휴일이 없으니 계산하면 주 35시간 노동이므로 합법적인 노동시간을 지키고 있는 셈이다.

회사에 처음 입사하면 주로 외근을 하면서 영업을 한다거나 현장 취재를 하다가 어느 정도 경력이 쌓이면 데스크에 앉아 지시를 하는 것이 보통인데, 꿀벌세계에서는 정반대이다. 이제 막 성충이 된 것들은 집 정리, 유충 돌보기를 일 6-8시간 일하고, 조금 경력이 쌓이면 집을 짓거나 수집해 온 꿀을 관리하고, 그다음은 밖에서 집을 경비하는 일을 한다.

그리고 마지막 단계에서 담당하는 업무가 실제 꿀을 모아 오는 외근일이다. 일벌의 수명은 불과 1개월 정도이므로 꿀을 모아 오는 위험한 일은 베테랑들이 마지막으로 봉사하는 일인 것이다. 그러니 꽃에서 꽃으로 옮겨 다니는 벌들은 암컷으로 가장 늙은 것들이다.

1일 5시간의 노동이지만 과혹한 임무이다. 약 3㎞ 범위까지이므로 활동범위가 꽤 넓은 편이고, 1일 10-15회 왕복하므로 만만치 않은 과중한 임무인 것이다. 많은 천적들이 우글거리는 정글 같은 곳에서의 근무는 집을 나설 때마다 결코 살아서 돌아오지 못할 것이라는 비장함이 서려 있다. 이토록 위험천만한 환경에서 평생 모은 꿀은 한 숟가락도 채 안 된다고 하니 애처롭기까지 하다. 하지만 봉급쟁이들도 평생 받은 급여를 모아 본들 비슷하지 않을까?

아인슈타인은 "만일 꿀벌이 사라진다면 인간은 4년을 버티지 못할 것이다."라고 하였다. 모든 식물의 75%, 사람을 위한 음식물의 3분의 1의 수분을 담당하고 있으니 그들의 활동의 가치는 지대한 것이다.

벌은 머리가 좋아서 같은 종류의 꽃을 찾아다닐 수 있는 특장이 있다. 같은 꽃끼리의 수분을 효과적으로 수행한다는 뜻이다. 나비를 보자. 나비는 긴 빨대를 이용하여 꿀을 빨아들이기 때문에 몸에 꽃가루를 묻히지 않는다. 식물의 입장에서 보면 괘씸한 노릇이다. 그래서 벌에게만 꿀을 주려는 시도를 하고 있는데, 그 한 예는 꽃 깊숙이 꿀을 감추고 있다는 것이다. 꽃이 복잡한 형태를 하고 있는 것은 최고의 파트너인 벌에게만 꿀을 주려는 시도인 것이다.

보통의 곤충은 자신이 먹을 목적으로 꿀을 찾아다니지만 벌꿀은 마치 우리가 일하는 것처럼 자신의 가족을 부양하기 위한 위대한 목적으로 찾아다니고 있다.

위대한 엄마의 사랑

집게벌레는 이름 그대로 엉덩이 끝에 큰 집게를 달고 있다. 이 집게는 두 개의 털이 오랜 기간 발달한 것이라고 추측된다. 영어로는 'earwig'.

영어지만 재미있게도 우리가 두려워하는 '작은 벌레들이 귀를 통하여 뇌에 들어가 문제를 일으킬지도 모르는' 미신적인 공포의 의미가 살짝 숨어 있다. 이 집게를 움직여 적으로부터 방어한다. 또 유충 같은 먹이를 먹을 때 집게로 몸을 고정하고 느긋하게 먹는다.

돌을 뒤집으면 그 속에 있던 대부분의 벌레들이 우왕좌왕하는 가운데서도 유독 미동도 하지 않는 것이 눈에 띄는데 틀림없이 알을 품고 있기 때문이다. 알을 보려고 이 집게벌레를 옮기려고 하면 집게를 치켜세워 위협을 가한다.

알다시피 곤충의 알은 다른 생물의 먹잇감이므로 전부 먹히는 일이 없게 하기 위해 많은 알을 낳는다. 그런데 작은 수의 알을 낳으면 그것을 보호해야 할 강력한 방어력이 필요한데, 집게벌레는 강력한 집게로 보호하려는 소수 알 전략을 펼친다. 곰팡이가 슬지 않도록 수시로 알을 뒤척여 주기도 한다.

알이 부화할 때가지 엄마는 알을 품고 1개월에서 길게는 3개월까지 아무것도 먹지 않으며 완벽하게 단 한순간도 방심하지 않고 지킨다. 이 긴 기간 엄마는 초인적인 인내심을 발휘한다. 드디어 부화가 되었다 해도 본격 사랑은 여기서부터 출발한다. 놀랍게도 새끼들은 태어나자마자부터 아무거나 먹을 수 없기에 기꺼이 자신의 몸을 먹이로 제공한다.

끔찍하게도 새끼들은 맛있게 엄마의 몸을 뜯어 먹는다. 아이들은 이 엄마의 사랑을 알기나 하는 걸까? 고통스러우면 도망갈 수도 있겠지만 미동도 하지 않고 기꺼이 끝까지 목숨이 다하도록 먹이가 되어 준다. 훗날 아이들이 이 엄마가 되어서야 뒤늦게 그 사랑을 알 수 있을 것이다. 엄마의 사랑은 참으로 위대하다.

꽃의 첫사랑

피자(被子)식물(활엽수 = 약 1억 년 전 신생대에 출현)은 나자식물(침엽수 약 2억 년 전 중생대에 출현)이 진화한 것으로 알려져 있지만 그 기원은 아직 완전 수수께끼이다. 다윈도 그 수수께끼를 풀지 못한 것을 아쉬워했다.

피자식물 출현 직후의 꽃들은 수분을 바람에만 의존하고 있었는데 (물론 이때에는 곤충을 유인하기 위해서 생겨난 오늘날에 보이는 꽃잎은 아직 없었을 때), 풍뎅이가 최초로 먹을 것을 찾으러 꽃에 접근했고, 별로 좋은 인상은 아니었지만 서로 간의 이해가 맞아떨어져, 자연스럽게 사랑이 깊어지면서 충매화가 태어난 것이다.

굼벵이(풍뎅이의 유충)도 구르는 재주가 있다더니…. 잘생기지도 않은 게 어떻게 그 예쁜 미인들과 사귈 수 있었는지 부럽기 짝이 없지만, 어쨌든 지구사(史)에 영원히 남을 위대한 업적을 남긴 셈이다. 옛 형태를 간직한 목련꽃은 위를 향하여 암술과 수술이 무수히 배치되어 있기에 풍뎅이가 움직이기 쉽고, 하얀색이기에 찾기도 쉽게 디자인되어 있다. 억 년 전의 첫사랑이 지금까지 이어져 오는 예(例)가 세상에 또 있을까?

풍뎅이는 곤충계에서는 드물게 43종이나 되는 다양한 식물의 잎을 먹도록 진화되어 온 탓에 경작식물에도 상당한 피해를 주고 있다. 인간들과는 그다지 사귀고 싶은 생각이 없는 모양이다.

• 식물의 독을 무력화시키는 곤충

중생대에 번창했던 공룡은 신생대에 들어서면서 약 6500만 년 전에 멸망한다. 피자식물(목련과)의 독에 대응하지 못한 것이 원인 중 하나일 거라고 한다. 하지만 공룡보다 먼저 태어난 곤충은 현대에도 끄떡없이 존재하고 있는데, 그 원인은 무엇일까?

담배박각시나방은 니코틴이란 독성을 체내에서 무력화시켜 배설하는 기술을 습득하여 담뱃잎을 먹고 사는 데 성공하였다. 독초를 먹고 사는 곤충이 각각 나름의 기술을 확보하고 있는 것은 사실이다. 식물 독을 무력화시킬 수 있는 포유동물은 이 세상에는 없다. 곤충의 위대함이 여기에 있다.

일부 곤충은 한 수 더 나아가 그 독을 활용하기까지 한다. 그들의 천적인 새들은 독이 무서워 얼씬도 하지 않으니 완전한 안전지대에서 식사를 즐길 수 있는 것이다.

가장 짧은 삶이 가장 장수한다

'하루살이인생'이란 말이 있다. 덧없이 짧은 인생을 한탄하는 말이다. 하루살이(mayfly)는 종류에 따라 하루는 고사하고 단 몇 시간만 살고 가는 것이 허다하다. 성충으로 살아가는 그 짧은 기간에 음식은 물론 한 모금의 물조차 마시지 못하고 가는 삶이다.

이처럼 알에서 죽을 때까지 수개월의 짧은 삶이지만, 곤충계에서는 3억 년 수명의 가장 오랜 장수 생물이다. 잠자리보다도 더 오래전부터 공중을 날아다니는 지상 최초의 생물이다.

우리는 그들을 짧은 삶이라고 하지만, 과연 짧을까? 시간이란 개념은 인지능력에 의존하는 것인데, 보기에 따라서는 1,000년을 살다가는 삶일 수도 있다는 것이다.

하루살이는 보통 곤충에서는 볼 수 없는 아주 특별한 성장 과정을 보여 준다. 보통은 유충에서 성충이 되지만 하루살이는 유충이 탈피하여 아성충(亞成蟲)이 되고 이 아성충은 날개가 있어서 날아다니며 살다가 또 다시 탈피하여 완전한 성충이 되는데, 왜 특별히 번거롭게 두 번 탈피하는지는 여전히 수수께끼.

2㎝도 채 안 되는 이처럼 연약한 몸의 하루살이가 어떻게 3억 년이나 기나긴 동안 그 많은 환경 재앙을 이겨 내고 살아남을 수 있었을까? 길게 살면 천적에 먹히거나 사고로 천수를 누리지 못하니까 아예 짧은 쪽을 향하여 진화해 온 것일 수도 있다. 식물이 장수로부터 단명한 쪽으로 진화해 온 것과 같은 맥락이다. 그렇다면 앞으로 1억 년 후에는 짧은

쪽으로 진화를 거듭한 하루살이가 1초살이로 변하는 것이 아닐는지?

그들이 적에게 대항하는 단 하나의 방법은 무리를 짓는 것이다. 유충은 어느 날 천적인 새가 없는 때를 택하여 일제히 우화(羽化)하는데, 대부분은 수컷들이다. 그 수가 엄청나서 때로는 교통사고를 유발할 정도이다. 그 무리 속에 암컷들이 들어가서 잘생긴(?) 수컷을 선택하여 혼인비행을 하며 짝짓기를 하여 알을 낳고 번식의 목적을 달성한 후 죽어 간다. 짧지만 행복한 삶이었다.

꿀벌은 가축인가?

1백만 종 이상의 절지동물 중 가장 특수한 지위로 언제나 논쟁의 중심에 있어 온 화두는 '꿀벌은 가축인가?'이다. 야생동물은 사람의 지배를 받아 온 것과 자기 마음대로 돌아다니는 두 가지로 구별된다. 이 구분에 따라 재산이 될 수도 있고 안 될 수도 있는 것이다. 문제는 꿀벌은 될 수도, 안 될 수도 있는 애매한 지위에 있다는 점이다.

히타이트 법전은 "꿀벌은 재산이다."라고 규정했다. 1977년 펜실바니아주 법원은 "꿀벌은 재산이 될 수 없다."고 결정하였다. 옴스테드 대 리치 사건에서 이웃 주민들이 낸 양봉업자 대상의 배상청구에서 (벌들에 쏘이기 때문에 정원에서 일을 할 수 없다는 이유) 원고 승소판결을 내리긴 하였지만, 1,500달러 배상 청구에서 겨우 달랑 6센트 배상판결을 하였으니 그 의미는 무엇일까?

이웃이 뿌린 살충제로 인한 벌의 손실에 대해서는 양봉업자의 손을 들어 주는 등 그야말로 시대에 따라 상황에 따라 결론이 왔다 갔다 하는 '꿀벌은 야생동물인가 아니면 길들여진 동물인가' 하는 논쟁은 여전히 현재 진행형이다.

바구미의 이동 속도

바구미는 가장 종류가 많은 곤충 중의 하나로 세계에 60,000여 종이 있고 대한민국에는 220여 종이 있다. 잎이나 줄기에 작은 구멍을 내서 알을 낳기 때문에 유충은 천적을 무서워하지 않아도 된다.

대부분은 지표에서 생활하는데, 1년에 10m 정도 이동한다. 그 이상은 이동할 필요가 없기 때문이다. 즉, 지금 살고 있는 나무가 쓰러지면 옆 나무로 이동하면 그만이기 때문이다.

바구미가 사는 숲은 역사가 유구한 숲이다. 근래에 조성된 숲에는 보이지 않는 것은 중세에 벌채될 때에 이사 갔고, 다시 조성된 숲에 돌아오기에는 이동거리가 너무 멀기 때문이다.

자연의 거짓

빌딩 앞에 서 있는 경비원들을 보면 경찰로 속을 정도로 완벽한 의태를 하고 있다. 인간의 속임수이다. 인디언과 자연은 거짓말하지 않는다고 하지만 그것은 거짓말이다.

철학자 프리드리히 카인츠는 "동물들은 속임수를 쓰지 못한다. 그러려면 곰곰이 사고할 수 있어야 하는데 그것은 불가능하기 때문이다."라고 했다. 하지만 틀린 말이다. 진화 과정에서 생존에 필요하다면 무엇이든 자연선택의 방편으로 사용된다.

속임수를 쓰는 데 사고 같은 것은 필요 없다. 법의 세계에서는 속임수는 사기에 속하여 처벌의 대상이지만, 자연의 세계에서는 법적 도덕적 잣대와는 아무런 상관없이 모든 것이 자연의 선택에 따라 해결된다. 많은 동물들이 속임수에 의지해 살아가고 있고, 설사 그것이 다른 동물들을 해치거나 죽음에 이르게 한다 해도 아무 상관이 없다.

• 은폐의태(mimesis)

가지에 서 있으면 작은 나뭇가지로밖에 보이지 않는 의태, 완벽한 작은 가지 흉내를 내고 있는 자벌레의 기분은 어떨까? 그네들은 거짓을 할 의도는 없었을지 모르지만 우리가 보기에는 분명 거짓이다. 새들도 분명 그 거짓에 놀아날 것은 틀림없다. 북극곰, 북극여우 그리고 북극토끼의 흰털, 완벽한 갈대 모양의 안락해오라기, 외부나 내부의 자극에 민감하게 변신하는 카멜레온 등이 있다.

• 광고의태(mimicry)

등에가 벌과 닮은 자세를 취하는 것. 등에가 벌의 자세로 접근하면 사람들은 벌인 줄 알고 기겁을 하며 본능적으로 피한다. 많은 곤충들이 독침을 갖고 있는 말벌의 모양을 하는 것이나, 독개미와 같은 생김새를 하는 독성 없는 개미 모두 천적들의 경계심을 발동시킬 것이다.

• 자가의태(Automimikry)

같은 종에 속한 동물이 서로 흉내 내는 것. 반날개(Robe beetle)의 수컷들은 다 몸집 크기가 제각각으로 몸집 큰 것이 작은 것을 제압하므로 작은 놈은 아예 최약자인 '암컷 흉내 내기'를 하여 살아남는다.

• 선택의태(Fakultative mimikry)

위험한 동물이 약한 동물을 흉내 내는 것. 블레니(Blue-striped fang blenny)는 산호초 속에 사는 포식물고기로 다른 물고기를 잡아먹지 않는 클리너피쉬(Cleaner fish)의 몸 색깔을 흉내 내서 위험을 모르고 접근하는 고기들을 잡아먹는다.

숨은 그림 찾기: 이 그림에서 뭔가 다른 것을 찾아보는 놀이인데, 한참 동안 아무리 보아도 이상한 것을 찾지 못하였다. 그런데 중앙좌상부위에 왕오색나비 번데기가 완전한 잎 모양으로 매달려 있는 것이다. 완벽한 은폐의태이다.

야생동물들의 위생관념

먼저 언급하고 싶은 것은 침이다. 영장류(靈長類)인 고양이나 개들은 상처 난 곳에 살균효과가 있는 물티슈처럼 혀를 갖다 댄다. 그것은 침에 살균제, 면역향상제 등이 포함되어 있기 때문이다. 우리도 칼질하다가 손가락을 베었을 때 본능적으로 입으로 가져가는 것과 마찬가지.

병원체가 침입하기 쉬운 때는 성행위 때이다. 모든 신경이 거기에 쏠려 있는 동안은 거의 무방비 상태이기 때문이다. 수컷 개나 고양이, 설치류는 성행위가 끝난 후 한참 동안 페니스를 핥는다. 그것은 만에 하나 있을지도 모르는 성병을 옮기는 것을 막아 주는 살균작용을 하기 때문이다. 말이나 소의 경우 인공수정을 하는 이유 중 하나는 스스로 핥는 것이 불가능하여 성병이 잘 생기기 때문이다. 많은 포유류는 새끼에게 수유하기 전에 유두를 혀로 핥는 습관을 갖고 있다.

분(糞 = 똥)은 인간뿐만 아니라 동물세계에서도 기피 대상이다. 침팬지는 우연히 분(糞)에 손이 닿으면 나뭇잎으로 문질러 오염을 없앤다. 그리고 암컷이 수컷에게 엉덩이를 들어 보이며 구애할 때, 수컷은 암컷의 털에 설사 흔적이 있으면 포기한다. 굴속에 사는 작은 포유류는 별도의 장소에 지하 변소를 만들고 소, 염소, 말은 똥 무더기 부근의 풀은 뜯지 않는다.

새와 꿀벌세계에도 확실한 화장실 습관이 있다. 조류의 똥은 그들의 기저귀라 할 수 있는 젤라틴(gelatine)으로 포장되어 있어서 청결을 유지할 수 있다. 일부 벌들은 집단적으로 떨어진 곳에 날아올라 볼일을 본다.

아예 병자를 피하는 경우도 있는데, 황소개구리의 올챙이는 소화관이스트에 감염된 올챙이로부터 나오는 화학물질을 감지하고 접근하지 않는다. 구피(guppy)의 경우 수컷이 몸을 s자형으로 구부려 암컷에게 구애를 하는데, 기생충에 감염된 구피는 이렇게 s자형으로 만드는 게 어려워 구애에 실패한다. 건강한 파트너를 구하려는 희망은 사람과 동일하다.

18세기 천연두 백신이 개발되기 훨씬 전에 북부 아프리카에서 이를 예방하기 위해 천연두에 걸린 사람의 딱지를 건강한 사람이 몸에 문질러서 내성을 길렀다는 사실처럼 개미 한 마리가 곰팡이균에 감염되면 다른 개체들이 달려들어 핥는다. 사자 같은 동물은 새끼에게 처음 먹이를 줄 때 더러운 곳에 던져서 오물이 묻은 상태로 먹게 한다. 일종의 예방접종의 형태이다.

아르헨티나개미의 글로벌 왕국

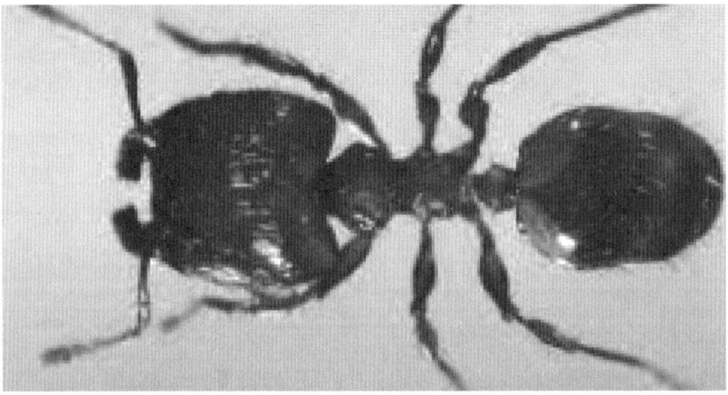

아르헨티나개미는 가장 성공적으로 글로벌 활동을 벌이는 개미로 원산지인 남미로부터 전 대륙에 진출하였는데, 특히 온대지역에서 활발하게 활동한다. 남아프리카의 토착종 개미들이 식물의 씨를 조금씩 갉아먹은 뒤 나머지 부분을 개미집 밖으로 던져 식물의 싹이 트기 좋게 하는 데 반하여 아르헨티나개미는 씨를 거의 다 먹어 치워 식물들에게도 곤란한 일을 만든다.

그네들은 집을 짓지 않고 환경 악화 시 이동도 쉽도록 낙엽, 돌, 쓰러진 나무 밑에서 대충 산다. 보통 개미들은 여왕과 일벌로 구성되고 여왕이 산란하면 일벌이 육아와 먹이 확보, 침입자 격퇴까지 책임지지만, 이 개미는 다수의 여왕들과 일벌들이 하나의 네트워크로 연결되어 있는 수천 개의 집들을 자유로 왕래하는 것이 특징이다.

이들 슈퍼콜로니 중 실례를 몇 개를 들면, 유럽 지중해 연안의

6,000km 네트워크, 미국 캘리포니아의 900㎞, 호주 100㎞ 등 상상을 초월하는 규모에 놀랄 뿐이다. 당연한 결과로 얘네들이 침입하면 원주민 개미들의 활동은 현저히 위축된다. 그래서 이 개미들이 침입하면 토착 기존 개미들의 수가 현저히 줄어든다.

동물들이 무리지어 다니는 장점과 단점

장점 * 적으로부터의 방어에 유리.

습격하여 오는 적을 빨리 감지할 수 있고, 적으로부터 습격받았을 때 확률상 희석이라는 효과가 있다. (매가 비둘기를 사냥할 때 무리지어 있으면 성공률이 20%이지만, 혼자 있으면 80%라고 한다. 그네들 나름대로 무리를 짓는 비용과 효과를 검토하지 않을 리가 없다.)

* 집단 전쟁 시에 유리한다.

* 집단으로 사냥하면 효율이 높다.

* 집단 속에서 삶의 지혜를 배울 수 있다. (원숭이들에게 모래사장 위에 감자를 던져 보라. 처음에는 모래가 묻은 채로 먹다가 어느 시점부터는 바닷물에 씻어서 먹는다. 다음에는 밀을 모래사장에 던져 보라. 물에 가지고 가서 담가 뜨는 밀만 골라 먹는다. 단체의 학습효과를 보여 주는 예이다. 학습효과는 대체로 암컷의 경우에 적용되고, 수컷들은 프라이드가 있기 때문에 흉내 내는 것을 싫어한다.)

단점 * 먹이를 확보하는 데 어려움이 있다.

모성애 강한 동물 베스트 10

사자가 새끼를 돌보는 모습이나 불곰이 새끼를 위해 엄중경계를 서는 모습에서 우리는 언제나 숭고한 모성애를 발견한다. 어느 생물이나 엄마의 사랑은 위대하다. 하지만 모든 생물이 모성애를 가진 것은 아니다. 그렇다고 식물이 씨앗이 떨어져 나간 후로는 돌보지 않는다고, 또는 포유동물에 비하여 비교적 모성애가 약한 곤충류나 어류를 모성애가 약하다고 단정 지을 수는 없다. 다양성으로 받아들여야 할 것이다.

1. 집게벌레

('위대한 엄마의 사랑'에서 언급)

2. 가시고기

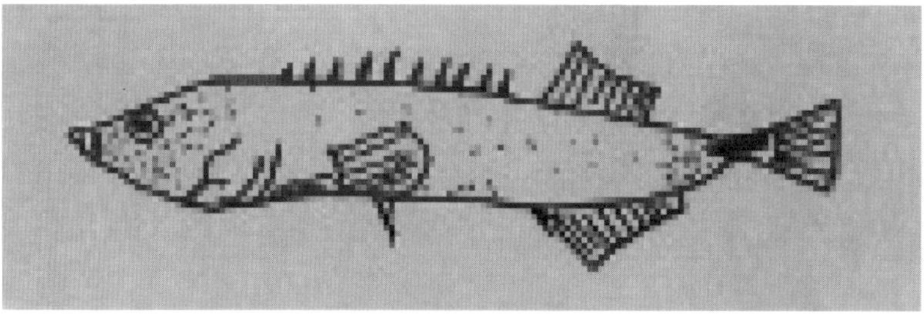

부성애의 상징이다. 알을 낳고는 나 몰라라 하는 대부분의 다른 어류들과는 달리, 수컷이 맑은 물이 고인 웅덩이에 수초로 둥지를 지으면 암컷이 와서 산란하고 죽는다. 이후 수컷은 약 2주간 아무것도 먹지 못하고 알을 보호하고 부화한 후에도 새끼들을 돌보느라 기진하여 죽고 마는데, 새끼들은 아비도 몰라보고 아비의 시체를 맛있게 뜯어먹는다.

3. 문어

('외계에서 온 괴물'에서 언급)

4. 피파개구리

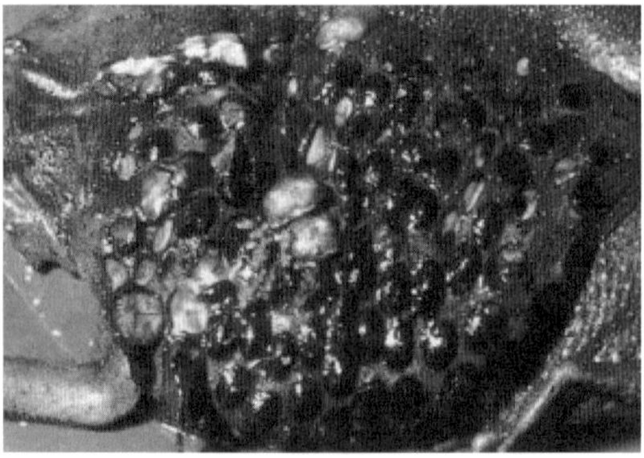

남미에 서식하며, 보통 개구리처럼 물속에 알을 낳으면 포식자에게 먹힐 염려가 있으므로 자기의 등 피부에 알을 낳아 배아부터 올챙이를 거쳐 성채까지 키운다. 성채로 자라면 등의 피부를 뚫고 밖으로 나온다. 출산의 고통은 피부로 느낀다.

5.주머니개구리

등에 있는 보육낭 속에 수정란을 품고 부화 후에도 6개월 동안 새끼를 등에서 키운다. 유생은 보육낭 안에 연결된 모세혈관으로부터 산소를

공급받는다. 그러다가 어느 날 엄마는 뒷다리를 보육낭에 집어넣어 올챙이들을 밖으로 끄집어낸다. 뱀과 물고기 같은 천적이 우글거리는 위험천만한 바깥 세상에 내몰렸지만, 이미 성장하였기에 홀로서기가 가능하여 생존율이 매우 높다. 깊은 엄마의 사려를 엿볼 수 있다.

6. 늑대거미

보통거미는 거미줄에 알을 낳고는 떠나 버리는 데 반해, 늑대거미는

자신의 등에 수백 개의 알을 낳아 거미줄로 묶어서 부화 후 독립할 때까지 업고 다닌다.

7. 도토리거위벌레

('어느 천재 벌레의 과제'에서 언급)

8. 에사끼뿔노린재

대부분의 곤충들은 알을 낳고는 나 몰라라 떠나 버리는데 유독 에사끼뿔노린재만은 알을 낳고 부화한 후 새끼들이 떠날 때까지 애지중지

품는다. 그 사랑의 표시일까? 등에는 예쁜 하트 모양의 큰 흰색 무늬가 그려져 있다.

9. 수리남두꺼비

물속에서 수컷이 암컷의 등에 올라타서 교미하는데, 암컷이 난자를 물속으로 내보내고 수컷이 정자를 방출하여 수중에서 수정이 되면, 낙하하는 알을 암컷이 등으로 받아낸다. 알들은 등의 피부 속으로 파고들어 어미 등에는 많은 육아실이 생기고, 부화한 새끼들은 거기서 자라다가 100일 정도 지나면 외부로 나와 독립한다.

10. 바퀴벌레

낳은 알을 알집에 넣고 항상 꽁무니에 달고 다닌다. 부화 후에도 3년 동안이나 새끼에게 젖을 먹이듯, 자기 체액을 빨게 하며 지극정성으로 돌본다.

머리 좋은 동물

순위	미국 NBC 방송	영국 BBC 방송
1위	침팬지	침팬지
2위	돌고래	돌고래
3위	코끼리	오랑우탄
4위	문어	오징어, 문어
5위	까치	까마귀

* 침팬지: 훈련을 받은 경우 사람과 그림문자로 대화 가능. 순간기억력은 사람에 비근.
* 돌고래: 어릴 때 각기 다른 고유의 휘파람 소리로 이름을 정해서 그 이름을 부른다. 휘파람 소리로 먼 곳에 있는 것이 동료인지 적인지 구별.
* 오랑우탄: 인간 어린아이 수준. 나뭇잎은 크기에 따라 활용.
* 문어: 무척추 동물 중 가장 고지능, 병을 열 수도 있다. 미로 통과 가능.
* 까마귀: 조류 중 최고 지능. 북미에 사는 종은 가을에 나무 씨앗 30,000여 개를 땅에 묻은 후 봄이 오면 씨앗이 묻힌 장소를 대부분 찾아낸다.
* 코끼리: 사람과 협동하여 전쟁을 수행할 정도.

* 개: 사람의 4살 정도의 지능, 별다른 훈련 없이도 사람의 말을 알아듣는다.

* 고양이: 문제 해결 능력 탁월.

* 돼지: 개보다 조련이 쉽다. 보기보다 똑똑하다.

* 호랑이: 맹수들 중 최고. 다른 맹수들보다 두개골 용적이 16% 크다.

* 앵무새: 영국에서 55살에 죽으면서 유언 남김. "잘 지내, 사랑해."

■ NBC의 순위

위의 5위 이외에 6위 다람쥐, 7위 개, 8위 고양이, 9위 돼지.

새들의 아파트

세상에서 가장 아파트를 좋아하는 나라는 대한민국이라고 한다. 그래서 그런지 새들도 사람 흉내를 내어 아파트를 짓는다.

국립수목원 중앙로와 휴게광장에 있는 둥지

딱따구리는 사람들이 많이 다니는 곳에 짓는 이유는 천적인 뱀을 경계하기에는 이곳이 안전할 거라는 판단에서이다. 그리고 한 개를 쓰기 위해 둥지를 몇 개씩이나 힘들게 파는 이유는 휴게용도나 비상시 대피

용도로 쓰기 위해서이다. 둥지의 깊이는 예상 밖으로 보통 30㎝보다 더 깊다.

또 이렇게 힘들게 판 둥지를 길어야 50일밖에 사용하지 않는 이유는 새끼를 키우는 동안에만 사용하고 영원히 떠나기 때문이다. 딱따구리가 떠난 뒤에는 파랑새, 원앙새, 동고비등이 이 둥지를 사용하려고 서로 싸우기도 한다. 최종적으로는 뱀이 별장으로도 쓰고, 다람쥐가 창고로 쓰기도 한다.

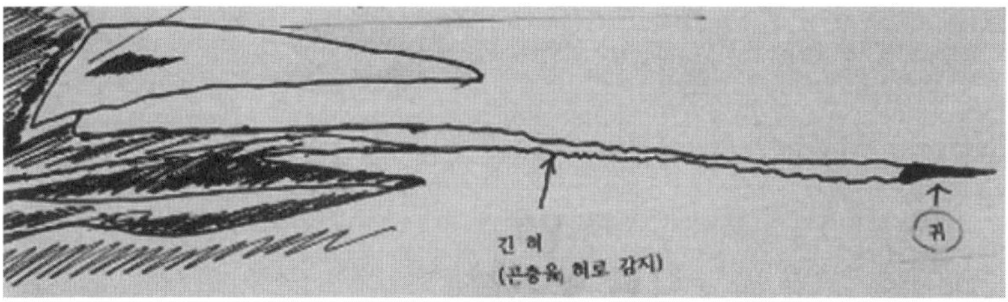

딱따구리의 혀는 진화의 꽃이라고 불릴 정도로 동물계를 통틀어 가장 놀라운 기관 중의 하나이다. 그 혀는 끈끈한 침으로 덮여 있고 혀를 몸길이의 3분의 2만큼 내뻗을 수도 있는데, 무엇보다 특이한 것은 끝에 귀가 달려 있다는 점이다. 혀의 비밀은 얇디얇은 설골(舌骨)에 있다. 혀를 사용하지 않을 때에는 덮개 속에 아코디언처럼 접힌 상태로 들어 있다.

딱따구리는 지구상에 200종 넘게 존재하며 종마다 고유한 속도와 박자로 나무를 쫀다. 어떤 종은 인간들은 흉내도 낼 수 없는 초당 15회나 빠른 스피드로 쫀다. 그렇게 쫄 때마다 딱따구리의 머리가 받는 힘은 중력의 1,000배(로켓이 이륙하는 동안 우주인이 받는 힘의 250배)에 달한다. 그런데도 머리가 부서지지 않는 것은 스펀지와 유사한 연골 쿠션이 충격의 대부분을 흡수하기 때문이다.

딱따구리의 드럼은 모이를 찾기보다는 소통에 더 활용된다. 그런데 이 드럼 소리가 온 계곡에 울려 퍼질 정도로 장엄한 것은 소리의 공명효과를 극대화하기 때문인데, 이 역시 베일에 싸인 신비스러운 기술이다.

딱따구리에게는 '숲속의 건축가', '숲속의 드러머', '숲속의 의사' 등 세 가지 별명이 붙어 있다. 숲속의 의사의 의미는 딱따구리는 대식가이기도 하여 한자리에서 개미 2,000마리를 먹어치울 정도인데 대부분 숲속의 해충을 먹어 숲속 곤충에게 이로운 활동을 하기 때문이다.

하지만 안타깝게도 몇몇 종은 천연기념물로 지정되었을 정도로 개체수가 현격히 줄어들고 있어 안타깝다.

노래하는 새들의 사생활

숲을 산책하노라면 새들과의 교감이 절실하여 새들의 소리를 조사하였다. 처음에는 그저 환영의 노래인가 아니면 경고의 소리인가 정도로 단순하게 이 스터디를 시작하였다.

1970년대에 동물행동학자가 노벨상을 받으면서 본격적으로 새의 소리를 연구하는 시대가 열렸다. 새의 노래는 그 회수나 시간을 연구함으로써 많은 진전을 열었다.

다윈은 완전히 성장한 새의 발성을 일종의 무기로 보았다. 수컷은 다른 수컷을 위협하고 미래의 짝을 유혹하기 위해 노래하고, 암컷은 번식할 상대를 골랐다고 알리기 위해 노래하며, 번식기 동안은 계속 서로를 부르는 노래라고, 그는 150여 년 전에 연구를 통하여 소리의 진화를 이렇게 정리하였다. 소음과 침묵이 동시에 존재하는 모순에 예리하게 귀를 기울이게 되고 소리와 침묵의 매우 역설적인 조합이 숲의 그늘진 지역에 충만하다.

내가 주로 만나는 몸집이 작은 참새목의 소리에는 '지저귀는 소리(노래 = song)'와 '일반 소리(call)'로 구분할 수 있는데, 지저귐은 번식기에 내는 비교적 복잡한 소리로 어린 시절 어른들로부터 배우며 주로 수컷들이 낸다. 일반 소리는 암컷 수컷 모두 내는 학습에 의한 것이 아닌 본능에 의한 단순한 소리이다.

단순하다고는 하지만 때와 장소에 따라 내는 소리가 다르다. 놀란 순간, 적을 발견했을 때, 무리가 모일 때, 새끼가 어미에게 모이를 조를 때 등등 각각의 소리가 다르며, 적이 접근할 때의 어미의 소리의 종류에 따라 새끼들의 행동이 달라진다.

새의 소리는 인간과는 다르게 진화되어 왔고, 본능에 따라 의식적으로 하나하나 목적을 생각하며 내는 것은 아니다. 지능적인 행동이란 필요성을 느낀 후 행동에 옮기기까지 시간이 걸리며 그래서 생사가 갈리는 일이 야생에서는 비일비재한 일이다. 본능에 의한 행동은 이미 유전자 내에 프로그래밍되어 있기 때문에 시간이 걸리지 않는다.

일정한 상황, 예를 들면 긴장이나 배고플 때는 본능적으로 나는 것이 새의 소리이다. 그 소리에 따라 새끼에게 먹이를 준다거나 집합을 하게 된다. 어떤 개체가 충동적으로 낸 소리를 듣고 반응을 하는 것은 생존에 유리한 일이며, 그것이 진화의 방향인 것이다.

번식기의 특별한 소리를 '노래'라고 한다. 참새는 다양한 일반 소리를 내는데, 특히 이른 봄에는 그 소리가 길게 늘어지므로 call이 아닌 song일 거라고 추측되기도 하고,

찌르레기는 아주 짧은 기간이지만 복잡하고 작은 소리를 내기에 그것이 song으로 추측된다.

직박구리도 복잡한 소리를 내지만 일 년 내내 계속되는데, 특별한 장소나 특별한 상황에서 내는 것 같지는 않고, 번식기에 시끄럽게 내는 소리가 song으로 짐작된다.

본능에 의한 번식기의 특별한 소리는 비교적 단순한 반복이다. 새의 소리도 언어는 아니지만 일정 부분 메시지를 포함하고 있다. 나의 정체, 즉 나는 무슨 새라는 것을 밝히고, 나는 수컷이며, 맹렬히 노래하는 이유는 '나는 싱글, 배우자 찾는 중'이란 뜻, 역으로 느리고 짧으면 '나는 기혼자'라는 뜻. 하지만 기혼자이면서 제2의 암컷을 부르는 것일 때는 미혼자인 척하는데 이럴 경우에 대비하여 몇 곡의 레퍼토리는 필수적이다. 노래하는 기분의 절정은 산란 2–3일 전이다. 결혼 후에는 조용하다.

멧새과의 일부 수컷이 가을 이른 아침에 피크로 노래한다. 봄에 비할 바는 아니지만, 가을에 노래하는 수컷의 대부분은 다음 해 봄에 그 주변에서 번식한다. 가을의 노래는 다음 해의 번식을 준비하는 수컷이 영역을 선취하기 위한 행동이며, 수컷들이 겨울에 울지 않는 것은 가을에 영역이 이미 모두 결정되었기 때문이다.

방울새의 경우 무리 내에서의 수컷들의 서열을 정하기 위한 의식이다. 투쟁에서 이긴 수컷이 암컷에게 구애해서 무리로부터 나간다.

종다리는 지상에서도 잘 지저귀지만 비상하면서 점점 높이 (100m 상공까지) 올라가면서 지저귄다. 이것은 번식기의 노래와는 또 다르다. 수컷은 적에게 노출되었을 때 자신의 용맹성을 뽐내기 위해서 오히려 느긋하게 걸어가면서 노래한다.

많은 작은 새들은 노래에 방어기능도 가지고 있다. 휘파람새는 노래스타일이 고음과 저음으로 나뉘는데, 영역 침입자가 갑자기 나타나면 저음의 노래를 부르는 습성이 있다. 4월 중순이 되면 수컷이 영역을 확보하고 노래 부르면 신부 후보가 높은 가지 위로 나타난다. 그때 수컷이 좀 색다른 노래를 중얼중얼 오래 부른다.

보통의 경우, 새들에게 있어 둥지 건축은 수컷 담당이다. 둥지의 장소를 정하는 것은 암컷의 의사에 따른다. 암컷은 활엽수 관목들이 우거지고 죽은 나무들과 쓰러진 나무들로 복잡한 장소에 둥지를 튼다. 수컷은 수백 미터 떨어진 곳에서 노래를 부른다.

수컷 철새들이 먼저 와서 영역을 넓히면 암컷들이 속속 도착하여 짝이 형성된다. 짝들끼리 길을 걸으며 식사도 하고, 수컷은 가끔 아주 작은 소리로 사랑의 노래를 부른다. 암컷이 본격적으로 영역과 짝이 마음에 들어 수정 작업에 들어가기까지 수컷은 암컷을 에스코트하며 간간이 노래 부른다.

수컷의 이런 눈물 어린 노력에도 불구하고 결국 헤어지는 경우도 있기는 하지만, 암컷이 둥지 틀 재료를 물고 나타나면 번식 작업에 돌입할 수 있다는 신호이다. 암컷이 최후의 한 알까지 낳을 때까지 수컷은 엄중 경계를 서며 암컷 가까운 데서 그 어떤 때의 노래보다 멋진 노래를 부른다.

새가 독신일 때는 종일 분당 10회 이상의 속도로 노래한다. 이것은 포란기, 산란기, 육추기를 통틀어 평균 5회 정도임을 감안하면 대단한 열정인데 그만큼 입장이 애절하다는 뜻일 것이다.

많은 작은 새들은 생후 2개월 정도에 노래하는 것을 어느 정도 배운다. 이후는 뇌신경의 발달에 따라 노래하는 능력이 발달하게 된다.

| Did you know? | 코알라가 종일 잠만 자는 이유?

모든 초식 포유류는 광식성인데, 유독 판다와 코알라만이 기주특이성을 갖고 있다. 판다는 대나무 잎을 먹고, 오스트레일리아의 마스코트인 코알라는 유칼립투스 잎만을 먹는다.
그런데 유칼립투스 잎에는 쥐가 먹으면 즉사할 정도의 여러 가지 강한 독성이 있어서 코알라는 그 독성에 취하여 매일 20-22시간 잘 수밖에 없다.
유칼립투스에는 영양분은 많지 않으나 수분이 50%나 되어 코알라는 따로 물을 마시지 않는다. 처음 태어난 새끼들에게는 소화효소가 없어서 어미의 배설물을 먹으면서 장 속에 효소를 키운다. 땀샘이 없어서 더위에 약하여 종일 나무 가지에 착 붙어 지내며 체온을 내린다.

3부

터미네이터

신성불가침 영역

• 비밀의 물질-플로리겐(花姓호르몬)

1936년 소련의 과학자는 잎이 꽃눈에게 보내는 물질을 플로리겐이라고 명명한 이래 80년이 넘는 기나긴 동안 수많은 천재들이 이 물질을 규명하려 했지만 실체에 접근조차 못 하였다.

정말 식물은 밤의 길이를 재고 있는 걸까?

많은 식물들의 잎이 밤의 길이를 재는 것은 확인된 사실이다. 줄기나 뿌리는 상관없이 잎만이 긴 암흑을 감지할 수 있고 그 암흑이 꽃을 피우는데 적절하다고 판단되면 잎은 그 정보를 꽃눈에게 보내서 꽃을 피우도록 하는 것이다. 그 정보전달의 수단으로 플로리겐이라는 특수한 물질을 보내는 것으로 밝혀졌다. 만일 인간이 이 플로리겐을 확보할 수 있다면 아무 때나 원하는 때에 꽃을 피울 수도 있고, 재배기간도 조절 가능하게 되는 등 농업에 획기적인 혜택이 있을 것이지만 식물이 꽃을 피우는 현상은 자손을 남기기 위한 중요한 생식활동이므로, 그 소중한 생식활동을 인간 마음대로 제어하도록 방치하지는 않겠다는 것이 神의 생각일지도 모른다. 언젠가 그 비밀의 문이 열릴 수 있을 것인지?

• 광합성 기술

1893년 미국의 바네스가 처음 사용한 용어로, 광합성은 말할 것도 없이 지구상에서 가장 위대한 30억 년 역사의 생명활동이다. 그렇다면 이

것은 무엇일까?

- 태양광을 유기에너지로 바꾸는 작업
- 지구상의 모든 산소를 생산해 내는 작업
- 지구상의 모든 생명체들을 지탱하는 작업

도대체 그 작은 잎에서 무슨 일이 벌어지는 것일까? 광합성을 위해서는 두 가지 기술이 필요하다.

- 이산화탄소를 흡수하는 기술
- 빛을 이용하는 기술

잎의 표면은 무수한 기공으로 덮여 있다. 옥수수의 경우 한 그루에 약 2억 개의 기공이 있으며, 1㎟당 기공의 수는 사과 잎의 경우 표면 0개이면 400개, 수련의 경우 표면 460개이면 0개이다.

이산화탄소는 공기 중에 불과 0.03%, 이 농도는 한 컵의 커피 속에 한 방울도 되지 않는 미세한 양. 잎은 어떻게 이산화탄소만 골라서 흡수할 수 있을까? 그것은 기체가 갖고 있는 특별한 성질, 즉 2개의 다른 농도의 기체가 만나면 고농도가 저농도 쪽으로 이동하여 동일한 농도를 만드는 확산현상 때문이다. 잎 속의 농도는 계속 사용하므로 거의 0%, 따라서 외부의 이산화탄소가 계속 유입되어 오는 것이다.

유전자 조작, 나아가서 생명체 제조에까지 도전하고 있는 인간이 "물

+ 이산화탄소 + 태양빛 ≫ 포도당" 이처럼 간단한 방정식을 풀지 못하다니!

만일 이 방정식을 푼다면 식량걱정도 할 필요 없고, 비료도 필요 없고, 화석연료사용도 대폭 줄어드는 등 어마어마한 이점이 있을 것이다. 원료를 살펴보아도 모두 무공해로 쉽게 구할 수 있는 것들임에도 이 기술에는 접근하지 못하고 있다.

작은 잎이 하고 있는 간단하게 보이는 이 반응을 흉내 낼 수 없다는 것이 그토록 발달했다고 주장하는 인간의 지금의 한계인 것이다. 식물 앞에서 겸손해져야 할 이유이다. 신(神)의 영역임에는 틀림없다.

거목들의 비밀

거목들의 비밀

식물의 키는 어느 정도까지 자랄 수 있을까? 약 4세기 전에 갈릴레오 갈릴레이는 110m가 한계라고 결론지었는데, 미국 서부의 레드우드를 본적도 없는 그가 어느 정도 정확히 계산해 낸 것은 놀랍기만 하다. 미국 국립과학원은 식물이 물을 빨아올리는 한계를 138m +- 7m로 계산하고 키도 최고(最高) 거기까지라고 결론지었다.

현존하는 나무 중 최고(最高)는 미국 서부 레드우드 국립공원에 있는 115.6m의 레드우드인데 나이가 겨우 600살이라서 보통 3,000살까지 사는 동안 더 자랄 수 있다고 한다.

인간이나 동물들은 심장이 있어서 펌프질을 하여 물을 보낸다. 3m 키의 기린만 해도 인간보다 3배 이상 큰 심장이 2배 이상 강한 혈압으로 보낸다. 그러나 심장과 같은 원리의 펌프질로 100m가 넘는 식물의 꼭대기까지 물을 올려 보내는 데는 분명 한계가 있다.

가장 가능성 있는 이론은 증산작용. 식물은 잎에 있는 무수한 기공을 통하여 체내의 수분을 수증기 상태로 내보낸다. 이 작업을 증산작용(蒸散作用)이라 한다. 상록침엽수는 도관이 있기는 하지만 가늘고 수도 적어 의존율이 낮아 가도관(假導管)이 통수의 주역인 경우가 많다. 가도관은 75마이크로m로 매우 가늘어 모세관현상으로 상승력이 커지며 수분 증산량이 적은 침엽을 가지므로 균형을 이룬다.

낙엽활엽수인 졸참나무는 봄에 잎을 달아 가을에 낙엽이 질 때까지 온난습윤 토양에서는 자신의 중량의 225배에 달하는 1,000톤 정도를 증산한다. 뿌리에서 기공까지 물의 흐름이 연결되어 있고 이것은 하나의 물기둥이 되어 있다. 따라서 증산으로 물이 줄어들면 그만큼 물이 올라오는 것은 수분포텐셜이다. 빨대를 빨면 물이 올라오는 것과 같은 이치이다.

이 설명은 오랫동안 가장 확실한 정설로 여겨져 왔으나 일부 학자들은 이 이론만으로는 불충분하다는 의견을 제시하고 있지만 나로서는 이해하기 어렵다.

또 다른 방법을 생각해 볼 수 있는 것은 대기압을 이용해서 물을 올리는 방법이다. 관(管) 안을 진공상태로 하면 공기압에 의해 물을 올릴 수 있다. 컵에 빨대를 손가락으로 막고 올리면 물이 수면보다 높이 올라오는 것과 같은 이치. 엄청 긴 빨대가 있다손 치더라도 이 방법으로는 10m가 한계.

하지만 거목들의 키는 10m를 훌쩍 넘어 100m까지 이르기에 역시 맞지 않는 이론이라고 한다.

어떤 연구에 의하면 하루에 400리터의 물을 100m 높이까지 끌어올리는 데 22기압이 필요하다고 한다. 타이어 공기압이 2기압이고, 세포의 압력은 최대 10기압이며 이것은 아스팔트도 뚫을 수 있는 힘이라고 한다. 22기압을 만들 수는 있지만 대규모 특수설비가 필요하다고 하는데, 글쎄!?

식물은 알고 있다

• 촉각

후각, 시각, 청각과는 달리 촉각의 원리는 동물이나 식물이나 다를 바가 없다. 모든 신경세포의 전달의 원리는 단순한 전기반응이다.

우리가 잘 아는 미모사 역시 전기신호를 사용하여 예민하게 촉각을 작동시키는 것이다. 미모사의 구조를 보면 소엽(小葉)의 기부(基部), 우편(羽片)의 기부, 엽병(葉柄 = 입자루)의 기부에는 각각 소엽침, 부엽침, 주엽침이라 불리는 경첩 역할을 하는 물이든 주머니가 있어서 압력이 내려가면 잎이 구부러지는 구조이다.

아메리카의 남북 캐롤라이나 주에 서식하는 파리지옥은 그 옛날 찰스 다윈도 불가사의한 식물로 큰 관심을 보였는데, 촉각반응에 관한 설명으로 적합한 식물이다. 이 지역의 토양은 질소와 인이 부족하여 식물들은 곤충이나 작은 동물로부터 이 부족한 영양을 보충하려는 방향으로 진화해 왔다. 낮에는 광합성을 하지만 밤이 되면 단백질의 보충에 나서는 것이다. 먹잇감을 유혹하기 위해 꿀을 생산하고 풍뎅이나 파리, 또는 작은개구리까지 접근하여 잎에 닿는 순간 아주 재빨리 가두어 소화액으로 녹여 영양분을 섭취한다.

호랑가시나무는 봄에 녹백색 꽃을 일제히 피우는데, 꿀벌이 꿀과 꽃가루를 찾아 수술대에 닿으면 0.1초도 안 되는 사이에 급속하게 운동을 시작하여 꿀벌의 입술에 꽃가루가 묻도록 도와준다. 그들의 수분 역할을 확실히 수행하도록 도와준다.

오이의 덩굴손은 마치 눈이 있는 듯 장벽을 손쉽게 넘어가는데, 초기의 운동은 감고 있는 안쪽에 뭔가가 닿으면 그 촉감으로부터 안쪽의 세포가 특별한 물질을 분비하게 한다.

• **지성과 감성**

식물은 움직이지 않는다고 생각할지 모르나 사실은 여러 가지 모양으로 움직인다. 어떤 식물은 정확히 12시간마다 잎을 열었다가 닫는 일정한 패턴을 보이는데, (어두운 데 놓아두어도 12시간 원칙은 불변) 이것은 태양광 유무와 상관없이 유전적인 정보에 의하여 움직인다고 보아야 할 것이다.

물론 빛에 따라 움직이는 것도 있는데, 괭이밥은 잎을, 채송화는 꽃을 주야 다르게 개폐하며, 똑같이 빛의 유무에 따라 깨어 있기도 하고 자기도 한다. 튤립이나 크로커스 꽃은 아침에 피었다가 저녁에 닫는데, 이들은 빛이 아니라 온도에 따라 작용하는 것들이다.

나팔꽃은 전일 어두워진 시간으로부터 정확하게 10시간 후에 꽃을 피우기 때문에 가을에는 아직 동트기 전에 개화한다. 민들레는 밤의 기온에 따라서 아침에 꽃을 피울 것인가를 결정하는데, 개화 후 10시간 후에 진다. 많은 식물은 잎에서 밤의 길이의 변화를 측정하여 계절의 변화를 읽는다. 정확히 15분 정도의 장단(長短)을 식별한다.

꽃을 피우는 작업은 식물에게 매우 중요한 작업이다. 계절 변화의 정보를 꽃눈에게 전달하는 구조는 아직 인간들이 파악하지 못한 분야이다. 식물은 개화라고 하는 생식작업만은 극비에 붙이고 싶어 할 것이다.

타감작용(他感作用, allelopathy)은 오스트리아 출신 식물학자인 한스 몰

리슈에 의해 처음 사용된 용어로, 식물이 땅속이나 공기 중에 화학물질을 발산하여 다른 개체에 생리적인 영향을 주는 현상이다. 외래종인 가시박은 타감 물질을 분비하여 주변의 식물을 고사시킨다.

사과 옆에 바나나를 두면 바나나가 빨리 숙성하며, 고추냉이는 살균 작용을 하여 생선회의 부패를 지연시킨다. 어떤 식물은 다른 식물과 함께 재배하면 당도가 올라가지만, 또 다른 어떤 식물은 다른 식물과 섞어 심으면 다른 식물의 수확량이 늘어난다. 단풍나무는 타감작용을 하는 대표적인 수종으로, 가을에 잎이 붉게 물들며 안토시아닌이 분비되어 다른 식물의 성장을 억제한다. 감자 옆에 완두콩을 심으면 완두콩이 빨리 자라지만 토마토는 그 반대이다.

식물에는 인간의 신경조직 같은 것이 없다. 인간 이외에 죽음을 인식하는 것은 없다. 그중에서도 식물은 생체윤회의 법칙으로부터 봐도 죽음 따위는 불요하고 따라서 공포감도 없을 것 같은데 과연 그럴까?

필로덴드론 잎 가까이에 성냥불로 갖다 대고, '태워 볼까?' 하고 마음속으로 생각만 했을 뿐인데 필로덴드론 잎에 부착한 거짓말탐지기의 기록지의 자기 침이 크게 흔들렸다는 사실은 식물이 인간의 마음을 읽고 있다는 증거이다. 공포감이 있다는 증거이기도 하다.

• 후각의 진화

냄새를 통하여 밀인지 보리인지를 구별할 수 있는 식물도 있다. 자신이 살아가는 데 필요한 정보를 후각을 통하여 수집하고 있다. 과일은 냄새에 포함되어 있는 극미량의 에틸렌의 냄새를 맡고 숙성을 서두른다.

• **미각**

식물은 자신을 괴롭히는 해충의 타액의 종류를 식별하여 그들의 천적이 좋아하는 향기를 뿜어낸다. 그러면 천적이 와서 해충을 해결하도록 할 정도로 예민한 미각을 갖고 있다. 느릅나무는 벌에게 부탁하는 경향이 있는데, 벌이 와서 쐐기나방의 애벌레 속에 알을 낳고 알에서 나온 벌의 유충이 자기보다 큰 모기만 한 유충을 안에서부터 갉아먹어 죽이는 잔혹한 작전을 펼친다.

• **커뮤니케이션**

기린이 사막의 아카시아카루 잎을 먹으면 15분 정도 후에는 잎에 타닌이 발생하여 먹기 어려워지고, 이웃 나무의 잎도 마찬가지로 타닌이 발생하여 먹기 어려워진다. 타닌 성분은 며칠 지나야 없어진다.

처음 공격받은 아카시아카루에서 휘발성 에틸렌이 발생하여 이웃 나무들에게 적의 공격을 알려 수분 이내에 잎에 유독물질을 집중시킨다. 그 사실을 알아차린 기린은 바로 옆 나무로 가지 않고 100m 정도 떨어진 나무로 간다.

이처럼 나무는 잎을 먹는 곤충의 습격을 받으면 서로 연락하여 대비토록 한다. 연구에 의하면 쐐기의 습격을 받은 버드나무의 바로 이웃 버드나무의 잎에는 쐐기가 없었으나, 좀 떨어진 곳의 버드나무에는 쐐기들이 있었다는 사실이 이를 입증한다.

인체와 같이 전기신호를 보내기도 하지만 인간의 전기신호는 1,000분의 1초 정도에 전신에 퍼지지만 식물은 1분에 1㎝ 정도밖에 진행하지 않기에 방위물질을 모으는 데 1시간은 걸린다. 습격받은 나무와 이웃나무들과는 아무런 연결 접점이 없었음에도 어떻게 조심하라는 경고를 전달했을까?

식물이 대기 중의 화학물질을 이용한 신호를 방출해서 다른 식물에게 의사를 전달하는 것이다. 투구풍뎅이의 습격을 받은 잎에서 휘발성 화학물질을 대기 중에 뿜어내고, 이웃의 식물은 피해가 없음에도 투구풍뎅이의 천적을 불러들이는 꿀을 생산한다는 것이다. 식물의 향기는 많은 동물들과의 복잡한 커뮤니케이션에 활용된다. 종자를 확산시키는 동물들과, 또 수분을 도와주는 동물들과도 커뮤니케이션을 하고 있는 것이다.

방향물질에 의한 커뮤니케이션은 바람의 영향을 크게 받지만 신속한 전달 방법으로 인기 있다. 사실 식물의 경우 그토록 신속할 필요가 없기는 하다.

• 시간 개념

봄이 되어 따뜻해지면 줄기 속에 얼었던 물이 녹아 다시 활동을 개시하는데, 따뜻할수록 싹이 빨리 나와야 마땅하거늘 놀랍게도 추우면 추울수록 싹이 빨리나온다는 사실이 신비스럽다. 춥지 않으면 숙면이 안 되어 봄이 되어도 피곤한 것이 이유일까?

기온뿐 아니라 낮의 길이도 영향이 있다. 너도밤나무의 경우 해가 떠 있는 시간이 13시간이 되어야 활동을 개시한다. 보통 빛을 감지하는 잎이 눈의 역할을 할 거라고 생각되지만 초봄에는 아직 잎이 나오기 전이다.

• **기억력**

파리지옥은 한 번 잎을 닫는 데 대단히 많은 에너지가 소요되어, 한번 닫으면 수 시간 후에나 다시 열 수 있다. 만일 아주 작은 벌레가 왔을 때에도 잎을 닫으면 너무나 작업 효율이 떨어지므로 일단 그 크기를 확인하기까지 20초 정도 걸린 후 확실히 가치 있는 크기라고 확인될 때 잎을 닫아서 포획한다. 20초 동안의 기억력이 존재한다는 것을 확인하는 것이다.

덩굴손이 오므리기 위해서는 접촉과 빛이 반드시 필요한데, 밝은 데서 접촉하면 바로 오므리지만 어두운데서 접촉하면 반응이 없다. 어두운 데서 덩굴손을 만진 후 2시간 후에 밝은 데로 옮겨 보면 새삼 만지지 않아도 둥글게 오므린다. 2시간 동안 정보를 보관하고 있다가 나중에 불러내는 기억력이 있다는 증거이다.

• **고(高)지능**

앵두나무의 경우 암술 수술이 한 꽃 안에 있으므로 자가수분의 위험성이 매우 높은데 어떻게 그것을 극복할까? 수술가루가 난세포를 향해 관을 뻗으면 암술머리가 그것을 검문해서 자신의 수술가루는 정지시킨다. 즉, 다른 꽃의 수술가루만 통과 시키는 검문소가 있다. 어떻게 가루를 구별하는가는 아직 밝혀진 바 없는 수수께끼이다.

나무의 느긋한 성격은 번식에도 그대로 반영되어 1년 전부터 자녀 계획을 세우고, 매년 봄 사랑의 결실을 맺을 것인가를 검토한다. 침엽수는 매년 같은 종자를 날려 보내지만 활엽수는 꽃을 피우기 전에 동료들과 의논한다. '내년에? 아니면 몇 년 후에? 동시에 모두 꽃을 피워 버릴까?' 등등을.

침엽수보다 활엽수가 신중한 이유는 멧돼지 때문이다. 멧돼지는 겨울나기에 꼭 필요한 전분이나 지방이 풍부한 졸참나무의 열매를 좋아한다. 그들이 도토리를 다 먹어 치우면 다음 해 싹이 날 수 없으니 당연히 작전이 필요한 것이다. 꽃이 매년 피지 않으면 멧돼지의 수는 줄어든다. 줄어들었을 때 일제히 꽃을 피우면 살아남을 확률이 높은 것.

• 청각

지금까지 바흐의 음악을 틀면 성장이 빠르다거나 하는 이야기는 많이 있어왔고 다윈도 지대한 관심을 갖고 실험했지만 결론을 못 낸 것처럼 아직은 그렇게 신뢰성이 크지는 않다.

서기 2,000년에 바이오테크놀로지 관련 300명 이상의 연구자들이 약 7,000만 달러를 들여 4년이 넘도록 연구한 끝에 게놈 지도를 완성 · 발표하였다. 지금이라면 비용이 그 1%밖에 들지 않을 것이라 한다. 다른 식물보다 DNA수가 적었기 때문이 연구의 대상이 된 애기장대에 난청(難聽)DNA가 10개 있었다. 그렇다면 식물의 진화에 청각은 필요 없었는지도 모를 일이다.

• 매너

숲속의 나무들에게는 꼭 지켜야 할 매너가 있다. 매너를 잘 지키며 정직하게 자란 나무는 똑바로 자란다. 뿌리도 수관 모양으로 아름다운 원형으로 자라고 팔과 같이 가지를 균등하게 키운다. 모든 것이 안정적인 모습이지만, 매너 없는 나무는 줄기가 구부러지는데, 그것은 수관의 무게가 한쪽으로 쏠리기 때문이다. 침엽수가 잘 자라는 것은 매너가 좋기 때문이다.

• 시각

식물에는 피토크롬(phytochrome)이란 단백질이 있어서, 적색광(赤色光)에 의해 활성화되고 원적외선 아래에서는 불활성화 된다. 씨앗은 적색 빛에서만 발아한다. 땅속에 있는 많은 씨앗들은 싹을 틔울 기회를 기다리고 있는데, 적색광보다 원적외선이 많으면 다른 식물들의 그늘에 있다고 판단하여 싹을 내지 않는다. 힘들여 싹을 내도 다른 식물들의 그늘에 있어 충분한 태양광을 받지 못하고 성장 불가능하기에 씨앗은 충분한 빛을 감지하면서 싹을 틔울 타이밍을 기다리고 있다.

터미네이터

오래전에 나온 영화 〈터미네이터〉, 죽지 않는 불사신, 재미있게 본 기억이 지금도 생생하다. 상상을 초월하는 터미네이터! 몸이 조각조각 나도 살아남는 것. 그게 바로 식물이 아닐까? 나무가 아닐까?

인간은 조직마다 역할 분담이 정해져 있지만 식물은 잎과 줄기만으로도 자유자재로 변형 가능하다. 인간의 입장에서 보면 식물은 묘하다고 하겠지만 식물의 입장에서 보면 생명을 통째로 뇌 하나에 의존하고 있는 인간이야말로 기묘한 생물이 아닐까? 그 터미네이터의 몇 가지 예를 들어 본다.

- **식인화**(食人花)

1818년 영국인들이 인도네시아에서 발견한 식인화. 직경 1m가 넘는 큰 붉은 꽃은 사람을 삼키고도 남을 큰 입을 벌려서 사람들을 기다리고 있다. 현지인들은 이 꽃을 꽃에서 시체냄새가 나기 때문에 '분가 밴 카이'라고 부른다. 이것은 '사해(死骸 = 죽은 뼈)의 꽃'이란 뜻. 이 꽃에 희생된 사람이 있었다는 이야기일까? 이 꽃은 현재 라플레시아라 불리며 잎도 줄기도 없이 큰 꽃만 피우는 지상 최대의 꽃이다.

• 식인(食人)나무

아프리카 대륙 동쪽에 있는 마다가스카르섬은 독자적인 진화로 인한 고유의 종들이 많은 곳으로 알려져 있다. 이곳에서 자생하는 것으로 알려져 있는 것이 데블트리(devil tree)는 최면효과가 있는 향기로 인간을 끌어들여 덩굴로 감아 피를 빨아먹어 죽인다.

중미에 있는 니콰라과의 원주민들은 '악마의 낚싯줄'이라는 흡혈식물에 떨고 있다. 어느 날 개의 비명소리가 들려 가 보니 새까만 나무가 그물로 개를 포획해 있는 것을 발견한 것이다. 과연 이런 나무가 존재할 것인가? 없다고는 말 못한다는 것이 정설이다. 정글 속에서 무슨 일이 벌어지는지 알 수 없기에.

• **사자를 죽이는 풀**

백수의 왕을 죽이는 식물이라니?! 역시 믿을 수 없다. 아프리카의 사바나의 길에서 (우리네 질경이 같이) 코끼리 같은 동물에 밟히며 살고, 열매는 날카로운 고리 모양이다. 동물이 밟으면 발바닥에 날카로운 고리가 박히고, 아파서 날뛰는 사이에 열매의 껍질이 터져서 씨가 퍼진다.

백수의 왕 사자는 발이 작아 별로 밟을 일은 없지만 어쩌다가 피부의 털에 이 악마의 발톱(devil's claw)이 붙을 경우가 생긴다. 불편한 사자는 입으로 그 고리를 떼어 내려고 하다가 결국 고리는 입속으로 들어가고, 입

안을 돌아다니면서 여기저기 상처를 내는 바람에 아무것도 먹을 수 없어 죽게 된다.

• **걸어 다니는 나무**

식물과 동물의 다른 점 중 하나는 이동 가능 여부인데, 과연 동물처럼 움직이는 나무가 존재할 수 있을까?

주인공은 중남미 정글에 서식하는 '걷는 야자나무'. 흡사 낙지같이 지주근(支柱根)이라는 뿌리를 무수히 만들어 자신을 지탱하고 있다. 이 나무는 빛이 있는 쪽으로 새로운 지주근을 뻗어서 이동한다. 빛 반대편의 지주근은 자연스럽게 사라진다. 정글 속에는 빛이 귀하므로 어쩔 수 없는 모양이다. 이동속도는 1년간 10㎝ 정도!

• **자살하는 나무**

나무도 자기가 싫어하는 곳으로 옮겨지면 자살한다고 한다. 이것은 옮긴 사람들의 서투름과 나무 자신이 그런 환경을 싫어하는 것의 합작품일 것이다. 결국 좋아하지도 않는 곳에 옮겨져 방치되면 죽어 버린다는 것이다. 나무는 싹이 나와 큰 나무로 성장할 가능성은 만 분의 일 아니 수백만 분의 일이라고 하는 만큼, 매우 약한 존재이며 경쟁 역시 치열한 것이다. 가로수나 공원에 보이는 죽은 나무들 중에는 죽음을 당한 것과 자살한 것이 섞여 있을 것이다.

2014년 여름 국립수목원의 중앙로 변에 있던 3m 정도 키의 두릅나무가 갑자기 아주 갑자기 죽어 버린 사건이 있었다. 자살하는 모습 그대로였다. 사람이 자살하는 이유는 병이나 생활고, 또는 인간관계 등을 들 수 있겠는데, 어느 쪽이든 스스로의 의사로 목숨을 끊는 것인데 그것은 '뇌'가 있기 때문이다.

2008년, 마다카스카르에서 우연히 발견된 거대한 야자나무가 주목을 받고 있는 이유는 이름 그대로 '자살야자나무'이기 때문이다. 영명은 'tahina palm'이다. tahina palm은 갑자기 자살을 결심하는 특별한 성질을 갖고 있는데, 뇌도 갖고 있지 않은 식물의 자살 이유는 무엇일까? 생활고나 삶의 절망 등으로 죽을 리는 없을 것이다.

이 나무는 일단 자살을 결심하면 전력을 모아 꽃을 피우고 종(種)을 남긴 다음 죽어 간다. 자살의 목적은 종(種)을 남기기 위함이다. 관리가 허술한 탓일까, 이제는 마다카스카르에 30여 그루밖에 남아 있지 않다. 이 나무는 다른 방법으로는 번식시킬 수 없다고 한다. 오로지 자신들의 사력을 다한 방법만이 있을 뿐이라고 한다. tahina palm은 오늘날 날로 늘어 가는 인간계의 자살을 보면서 무슨 생각을 할까?

■ Agave palmery

아가베는 중앙아메리카에 분포하며 잎이 용의 혀같이 생겨 '용설란'으로 불린다. 100년 만에 꽃이 핀다는 말이 나올 정도로 만개한 꽃을 보기가 힘들어 '세기의 꽃'으로도 불린다. 사력을 다해 평생 한 번 꽃을 피운 후 tahina palm처럼 미련 없이 죽음을 택한다.

국립수목원의 아열대온실에 있는 좌측 사진의 Agave palmery는 수년 전에 꽃을 피운 후 즉시 죽었다.

씨앗은 모든 것을 알고 있다

가을에 막 결실한 열매를 따서 바로 땅에 심으면 발아할 것인가? 대답은 No. 하지만 그 씨를 냉장고에 넣었다가 심으면 발아하는데, 오래 넣을수록 발아율이 높다. 만일 곧바로 발아한다면 그 싹은 다가오는 겨울을 이겨 내지 못할 것이기에, 깊은 배려가 씨에 프로그래밍되어 있는 것이다.

종자는 겨울의 추위를 느끼고 있으며, 그 겨울이 지나가는 것도 알고 지나가면 발아 준비를 한다. 추위는 발아의 필수조건이다. 그뿐만이 아니다. 종자는 발아하는 장소까지도 파악한다. 빛을 감지하고 빛의 색깔까지도 확인한 후 발아한다.

• 씨가 없어도 과일이 비대해질까?

과실은 본시 씨가 있어야 비대해진다. 많은 에너지를 써 가며 열매를 맺는 이유는 동물들이 그 과일을 먹을 때 씨도 같이 먹은 후 변을 통해 멀리까지 씨가 전파되도록 하는 것이 목적이다. 그러니 씨가 없으면 과일이 무슨 소용이 있겠는가. 맛있는 과일을 만들 필요가 없는 것이다.

딸기를 들여다보면 알 수 있다. 딸기의 표면에는 수많은 알알이 솟아올라 있다. 솟아오른 알알이 많으면 많을수록 열매가 크게 자란다고 한다. 만일 막 열매가 자라기 시작할 때 씨가 있는 부분을 다 제거해 버리면 열매는 더 이상 자라지 않는다. 만일 일부분만 제거하면 제거된 부분은 성장을 멈추고 제거하지 않은 부분만 자란다.

그렇다면 왜 씨가 없으면 과육이 자라지 않을까? 그것은 씨로부터 과육을 키우는 옥신(auxin)이라는 물질이 나오기 때문이다.

• 씨앗도 담배를 싫어한다

세 개의 용기에 물에 적신 종이를 깔고, 상추씨를 넣는다.

1번 용기 : 그대로 두기

2번 용기 : 타는 담배연기를 직접 주입

3번 용기 : 사람이 한 번 들이마신 후 내뿜는 연기를 주입

2번 용기가 1번이나 3번에 비해 확실히 발아가 늦다. 그리고 3번 용기는 1번보다 늦다(3번은 독성이 인간에 의해 한 번 걸러진 때문). 흡연실에 있는 식물들의 절규가 들린다.

• 씨앗, 절대계의 시공간

동면 상태의 씨앗은 고요하게 때를 기다린다. 씨앗은 그 자체로 목적이자 완성체이며, 주관적인 시공간 속으로 이동한 하나의 완전한 식물이다.

씨앗 속에는 절대계의 시간과 공간이 압축 저장되어 있다. 그 자체로 완전한 하나의 우주이며 또한 완전한 하나의 나무이다. 고통스러운 물

질계의 번뇌도 내려놓은 채 정지된 시간 세계에서 깊은 명상을 즐기며 완전한 때를 기다리며 수천 년까지도 기다릴 줄 안다.

50입방㎝의 흙 속에는 20,000여 개의 씨앗이 있지만 밖으로 나가는 씨앗은 드물며, 조건이 맞을 때까지 10년 아니 길면 수천 년도 기다린다. 때가 되면 바깥세상을 다 보고 있는 듯 발아에 필요한 모든 것을 끌어당기며 무서운 힘으로 장애들을 깨부수며 일어선다. 상상도 못할 파워를 행사하는 모습을 보노라면 생명의 신비가 고스란히 전달된다.

자신이 나중에 그 아름다운 장미가 되리라고 상상이나 할 수 있을까?

• 씨가 거목으로 자랄 확률

너도밤나무의 경우 2-3년마다 나무 하나에 약 30,000개의 열매를 떨어뜨린다. 수령 약 80살이 되어서야 번식이 가능하므로 수명 400살의 경우 평생 100회 정도 수정이 이루어졌으므로 총 약 300만 개의 열매를 떨어뜨렸지만, 그중 단 하나만 성공적으로 잘 자란다. 로또보다 어려운 확률이다.

생존율이 더 낮은 것은 포플러. 매년 2,600만 개의 씨를 생산하므로 계산하면 일생 동안 10억 개를 초과하지만 그중 단 한 개만이 잘 성장하는 매우 어려운 확률이다.

사랑의 가시

재미있는 생물 중의 하나로 선인장을 들 수 있다. 건조한 지역에 있는 식물은 선인장처럼 대체로 가시가 있는데, 그 이유는 무엇일까? 자신을 방어하기 위해서일까? 물론 그런 목적이 있기는 하지만.

기린이 주식으로 먹는 아카시아 카루의 가지에도 이쑤시개 같이 크고 날카로운 가시가 촘촘히 박혀 있지만 기린은 개의치 않고 잎을 훑어 먹는다. 설사 그 날카로운 가시가 입안에 들어간다 해도 아무 탈 없도록 진화한 것이다.

사막뿐 아니라 어디서나 식물은 동물들에게 잎을 먹히지 않으려고 잎을 두텁고 딱딱하게 한다든가 왁스를 분비하는 등 대책을 강구하지만, 사막의 식물은 그런 대책이 여의치 않은 모양이다. 잎을 두텁게 한다면 고온에 잎이 뜨거워져 견딜 수 없고, 왁스 역시 고온에 다 녹아 버리기 때문이다. 그러니 답은 가시밖에는 없는 것이다. 그래서 많은 식물의 잎이 가시로 변신한 것이다.

그렇다면 어디서 광합성을 하여 에너지를 생산하는가? 잎이 평평하여 많은 광선을 받아들여야 하는데 가시로는 불가능하기 때문이다. 구래서 선인장은 줄기의 표면에 있는 엽록소로 광합성을 한다. 많은 빛을 받아들이기 위해서 지금처럼 통통하고 둥근 모습으로 변신하였다. 광합성의 효율은 표면적과 관계가

있기 때문이다.

에키노캑터스는 멕시코에서는 '장모님의 방석'이라 불리지만 독일에서는 '시어머니 방석'으로 불리고 있다. 그렇다면 우리나라에서는 뭐라고 부르는 게 좋을까? '며느리 방석'? 아니면?

• 지구는 식물들이 가꾸어 온 정원

지구 역사 45억 년 중 생명체의 역사 38억 년은 식물의 역사이고 그들이 지구를 가꾸어 왔다. 엽록체를 가진 식물 플랑크톤은 광합성을 통하여 이산화탄소와 물로부터 에너지원을 만들기 시작하였다. 이때의 폐기물 산소는 모든 물질을 쇠퇴시키는 독성물질인데, 여기서 동물 플랑크톤이 출현하여 이 독성물질을 사용하여 엄청난 에너지를 생산하게 되는 것이다.

풍부한 산소로 만들어지는 콜라겐에 의해 몸집이 거대해졌다. 광대한 광합성에 의해 대기 중에 많은 산소가 생겼고, 그 산소는 자외선과 만나서 오존층을 형성하여 유해물질인 자외선을 차단하여 드디어 바다 식물이 육지로 진출하는 발판을 마련하였다. 지구상의 많은 혐오 미생물은 산소 덕분에 사라졌고, 살아남은 미생물은 바닷속이나 땅속에 산소가 없는 곳에 숨었다.

인간이 출현하여 프레온가스를 대량 방출하는 바람에 오존층이 파괴되고 자외선은 다시 지상으로 침입하게 되었다. 그것뿐인가? 무차별 산림 파괴로 불모의 사막화를 가속시키고 있으니 조만간 산소부족으로 지구상에 대재앙이 닥쳐올 것이다.

38억년 동안 식물이 가꾸어 놓은 낙원을 인간은 찰나의 순간에 그 모든 것을 파괴하고 있다.

식물들의 웰빙

무병하게 잘 살기를 바라는 것은 식물들도 마찬가지이다. 이를 위해 병에 걸리지 않으려고 병원균 퇴치를 위한 여러 가지 대책을 강구하고 있다.

민들레의 잎자루를 꺾으면 하얀 액이 나오는데 그것이 우유 같이 보인다 하여 유초(乳草)라고도 한다. 행여나 곤충들이 이 잎자루를 씹다가는 패닉 상태로 들어간다. 이 액이 개미에 묻으면 개미가 움직일 수 없게 된다. 그러니 병원균인들 접근하고 싶겠는가?

고무나무도 마찬가지이다. 참마의 경우에도 끈적끈적한 물질인 뮤신(mucin)이 나오는데, 이 액은 곤충들의 호흡장애를 일으킨다. 하지만 인간에게는 단백질을 분해시키는 데 도움을 주는 유익한 물질이다.

무화과나무 열매를 따면 역시 하얀 유액이 나오는데 이 물질은 피신(ficin)이라 한다. 이 역시 인간에게는 단백질 분해를 돕는 유익한 물질이지만 곤충들에게는 독이 된다. 이들 뮤신(mucin)이나 피신(ficin) 등은 곤충들의 몸을 형성하고 있는 단백질을 분해시키기 때문에 그들에게는 치명적인 것이다. 파인애플에는 브로멜린(bromelin)이라는 물질이 과즙에 포함되어 있기에 곤충이나 병원균이 싫어한다.

우리가 어렸을 때에 잎 뒷면에 글씨를 쓰고 한참 있으면 검정색 글씨가 선명하게 드러나는 현상을 놀이를 통하여 다 경험하였다. '다라엽(多羅葉)'이라 불리는 야자과의 다라수의 잎은 이러한 현상을 극명하게 보여 준다. 이것은 상처가 나면 우리 인간도 딱지가 생겨서 외부 병원균

침입을 막는 것과 같은 현상으로, 식물도 상처가 생기면 검은 물질을 뿜어내어 딱지를 만든다.

옥수수, 목화, 사과, 오이, 대두, 양배추 등은 초식곤충의 공격을 받으면 냄새를 퍼뜨려 자신을 해친 곤충의 기생곤충을 불러들인다.

거염벌레(armyworm) 애벌레의 공격을 받은 식물은 휘발성 화학물질인 테르페노이드를 방출하여 그 애벌레에 기생하는 몇몇 말벌종을 불러들인다. 식물은 애벌레의 구강 분비액으로 상처가 더럽혀지면 유인 물질, 즉 경고성 냄새를 퍼뜨린다. "내게 오면 당신 자녀들이 의탁할 숙주를 발견할 수 있다."라고.

Mother Leaf

열대지방에 널리 분포되어 있는 실론꿩의 비름(Mother leaf)은 기이하게도 잎에서 싹이 난다. 실제 잎을 물이 있는 접시에 띄워 놓으면 10일도 되지 않아 잎의 가장자리의 쑥 들어간 곳에서 새싹이 나고 뿌리도 난다. 습한 흙 위에 놓아도 마찬가지.

이 싹을 흙에 심으면 정상적인 식물이 되어 자란다. 가장자리의 움푹 들어간 곳은 새 식물을 생산할 수 있는 능력이 있다는 것. 잎을 식물에서 떼어 내야 싹이 난다.

• 인간을 사로잡은 식물의 독

녹차, 홍차, 우렁차 등등 모두가 차나무 잎이 원료이다. 차나무는 중국 남부 원산으로 잎은 짙은 녹색으로 동백나무 잎과 비슷하다. 그런데 어째서 그 많은 나무들 중에 차나무가 선택되었을까. 중국의 전설에 따르면 신농(神農)이라는 사람이 식물들을 식용과 약용으로 구별하는 작업을 하고 있었는데, 실수로 독초를 먹었을 때마다 해독 목적으로 차나무의 잎을 씹어 먹었다고 한다. 전설의 시대에는 이미 차는 약용으로 사용되었다는 이야기이다.

커피, 코코아, 홍차 등 세계3대 음료들은 모두 식물이 원료인데, 이 세 가지 음료에 공통으로 함유되어 있는 것이 카페인이다. 정신이 들고 집중력이 높아지게 하는 효과가 있는 카페인이 들어 있는 식물을 골라낸 것이다. 그렇다면 식물은 왜 인간에게 좋은 작용을 하는 카페인을 갖고 있는 것일까?

카페인은 곤충이나 동물의 식해(食害)를 방지하기 위한 독성물질이다. 그런데 그 독성물질이 인간에게는 진정작용을 방해하는 약이 된다. 이 독이 몸 안에 들어가면 각종기관이 이 독에 대항하기 위해 활성화되는 것이다. 독과 약은 종이 한 장 차이로 인간은 이러한 많은 종류의 독을 잘 이용하고 있다.

고대식물

• 인목(鱗木)

3억5천만 년 전부터 2억8000만 년 전 석탄기에 번성했으며, 높이가 30-50m에 달했다. 보통 나무와는 다르게 목질부가 거의 없는 거대한 풀 모양으로, 줄기 끝에 달리는 포자로 번식했으며, 중생대에 멸종했다.

• 노목(蘆木)

키 10m 정도의 고사리 나무로 진화한 것으로 추정되며, 2억4000만 년 전-6500만 년 전(중세대) 공룡시대에는 거대한 소철류와 침엽수, 목련, 고사리류가 중심이며, 이들 나자식물이 거대한 공룡의 먹이를 풍부하게 제공하였다. 이 시기에는 나자식물만이 존재했다.

백악기(Cretaceous) 초기인 1억4000만 년 전에야 꽃을 피우는 피자식물이 등장했다. 백악기 말(중생대에서 신생대로 이동하는 시기 6500만 년 전)에 직경 10㎞의 거대운석의 지구충돌로 인해 1억6000만 년의 공룡역사에 종지부를 찍었다는 설도 있다.

• 메타세쿼이아

'살아 있는 화석'이라 불리는 메타세쿼이아는 메타세쿼이아속 1속 1종이다. 그때까지의 세쿼이아는 상록수인 데 반해 낙엽수이기 때문에 확실히 구별되어 1941년 발견 후 메타세쿼이아라 명명하였다.

• **은행나무**

은행나무는 나자식물문(裸子植物門) 은행나무아문 은행나무강 은행나무목 은행나무과 은행나무속 은행나무종으로 순수혈통을 자랑한다. 중생대 주라기(2억1200만 년 전-1억4300만 년 전)에는 세계적으로 분포했으며, 잎의 형태는 활엽수이나 침엽수에 더 가까운 특성을 지닌다.

• **계수나무**

계수나무는 중세대 백아기(공룡시대)로부터 1억 년 동안 살아온 나무로, 1과 1속 2종이다.

자외선은 식물에게도 해로운 것일까?

강렬한 햇볕이 내리쬐면 식물들은 광합성을 많이 할 수 있으니 기뻐할 것 같은데 사실은 그렇지 않다. 이산화탄소의 부족으로 빛을 다 사용할 수 없기 때문이다.

최근 이산화탄소 농도가 올라간다고는 하지만 식물들에게는 여전히 부족한 상황이다. 즉, 잎에 도착한 빛 에너지 중 광합성에 소비되지 못한 잉여분은 활성산소라는 유해물질을 생산해 내는 것이다. 도착한 빛의 3분의 1만 광합성에 사용하고 있다. 나머지 3분의 2가 생산하는 활성산소를 제거하기 위해 항산화물질이 다량 필요한 것이다.

자외선으로부터 발생하는 해로운 활성산소로부터의 해를 제거하는 것이 비티민 C 또는 E 같은 항산화물질이다. 식물에 다량 함유되어 있는 비타민 C와 E를 우리에게도 꼭 필요하기에 채소 같은 식물을 많이 먹어야 하는 것이다.

자외선은 인간에게나 식물에게나 닿는 순간 활성산소를 발생시키기 때문이다. 그렇다면 활성상소란 무엇일까? 우리들은 산소를 마시고 산다. 이것은 보통 산소를 말하지만, 활성산소는 노화를 급격히 진전시키는 성인병 등 각종 병의 원인이 되는 유독물질이다. 모든 병의 90%의 원인이라고까지 말한다. 따라서 안티에이징을 위해서는 활성산소를 발생시키지 않는 방법을 강구해야 한다. 유해한 활성산소의 대표로는 과산화수소와 슈퍼애시드인데, 식물을 고사시키는 것은 슈퍼애시드이다. 상처에 과산화수소를 바르면 세균이 죽고 해독된다.

하이브리드의 힘

10여 년 전 처음 하이브리드차를 타 보고 경탄했던 기억이 생생한데, 지금은 전 분야에서 활용되고 있는 하이브리드시대. 무엇이든 장점들을 취하여 새로운 제품을 탄생시키는 시대에 식물도 예외일 수는 없다. 혈통이 확실한 서로 다른 식물끼리 교배시키면 하이브리드종이 된다.

이 씨를 심으면 성장이 빠르다거나 병에 강하다거나 열매가 더 맛있다거나 하는 양쪽의 장점이 두드러지는 성질, 즉 잡종강세(雜種强勢)현상이 나타난다. 1930년대 초부터 약 30년간 미국에서 옥수수 수확량을 무려 3배로 폭증시켰다. 여러 가지 기술의 발전에 힘입었지만 60% 이상은 하이브리드의 잡종강세 기술 덕분이라고 한다.

특이한 사실은 잡종강세는 1대에 한한다는 것이다. 2대째에는 그 장점이 사라진다. 계속 효과를 지속하려면 매년 종묘업자로부터 씨를 사들여야 한다. 무나 양배추 같은 십자화과의 식물은 자기의 수술가루와 암술가루가 만나도 수정되지 않는 자가불화합성(自家不和合性)이므로 하이브리드개발 진척이 잘되었다.

옥수수가 잘 개발될 수 있었던 이유는 옥수수는 한 구루에 제일 위쪽에 수꽃이 피고 아래쪽에 암꽃이 피므로 윗부분의 수꽃만을 잘라 버리면 암꽃은 다른 계통의 수꽃가루를 받아들이기 때문이다.

자기불화합성과는 반대인 벼의 경우는 꽃이 피는 시간대와 구조의 까다로움 때문에 실험실에서는 하이브리드가 가능하지만, 대량생산에의 적용은 불가능한 것으로 여겨졌다. 그러던 것이 식량자급이 시급한 중국에서 획기적인 개발에 성공하여 30%의 증산을 이룩하였다고 하는데, 그 기술의 핵심은 꽃가루가 없는 벼를 개발한 것이다. 지금은 중국 전체 벼농사의 70%가 하이브리드종이다.

지상 최대의 생물

내가 미국의 캘리포니아에 있는 세쿼이어 국립공원에 갔을 때의 그 경이가 20년이 지난 지금까지도 생생히 기억되고 있을 정도로 충격이 컸던 것은 2,000살도 훨씬 넘고 100m에 육박하는 장수거목들에 압도 당했기 때문이다.

거기에는 지상 최고(最高)와 지상 최대(最大)의 나무들이 자리 잡고 있었지만, 사실 알고 보니 지상 최대의 나무는 될지 몰라도 지상 최대의 생물은 따로 있다는 것이다. 그것은 미국 오레곤주에서 발견된 버섯이다.

Cascade crest 서쪽 숲에서 흔히 발견되는 종으로, 이름은'Armillaria Ostovae'. 병원성 균류의 한 변종이다. 넓이는 약 2,200에이커(약 8.9평방km), 추정 연령 2,400살, 추정 중량 600톤이다. 상상이 가지 않는 규모이다.

• 이산화탄소 이야기

식물이 죽으면 탄소화합물로서 땅에 저장되는 동시에 공기 중의 이산화탄소가 줄게 된다. 산호화석은 지구에 존재하는 최대의 탄소 저장고로, 이들을 전부 합하면 수억 년 긴 세월 동안의 상당량의 탄소가 그곳으로 빼앗긴 것이다. 탄소가 가장 많이 생긴 때는 석탄기(3.5억 년 전부터 2.8억 년 전 사이), 이때는 지금의 이산화탄소의 9배가 대기 중에 있었다. 당시의 산림은 지금의 3배 정도의 이산화탄소를 분해하고 있었다.

나무는 어느 시점까지는 나이 들수록 생장이 빨라지며 강력해진다. 줄기 직경 1m의 나무가 50㎝의 나무보다 바이오매스를 3배 더 생산한다. 수목의 세계에서는 연령이 약함과 반드시 비례하지는 않는다.

이산화탄소로 만드는 유기물질 당류, 단백질, 지방 등은 탄소로 되어 있다. 모든 물질에 필수적인 요소이다. 지표면에 가까운 곳에는 최근에 죽은 생물들로부터 나온 토양탄소가 포함되어 있으며, 그 토양에는 토양탄소로 살아가는 미생물들이 분해하여 이산화탄소를 지상에 방출한다.

광합성을 하고 있던 식물로부터 갑자기 빛을 제거하여 깜깜하게 하면 즉시 식물은 대량의 이산화탄소를 방출한다. 좀 지나면 방출 양이 줄어들며 정상으로 돌아간다. 암흑 중의 호흡에 의한 것이다. 이유는 식물이 놀라서 호흡이 가빠진 탓은 아니고, 빛을 받고 있는 동안에는 암흑에서보다 호흡이 활발한 탓이다.

빛이 갑자기 사라지면 광합성은 즉시 중단하지만 그때의 호흡량은 즉시 중단할 수 없고, 깜깜할 때도 그 호흡에 의한 이산화탄소가 분출되기 때문이다. 식물은 광합성을 위해서는 이산화탄소를 흡수하고 산소를 배출하지만 통상의 호흡을 할 때에는 그 반대이다.

식물은 일사병에 안 걸리나?

그토록 뜨거웠던 2018년 여름. 119로 실려 가는 사람들이 폭증하고 있었는데 식물들은 무사했을까? 강한 태양광에 약한 식물들은 뜨거워지기 전에 꽃을 피우고 열매까지 모두 맺고 뜨거워지면 자취를 감춘다. 여름이 무성하여 잘 모를 수 있으나 유채꽃이나 카네이션 같은 것들이 그렇다. 또 무 같은 것들도 여름에는 보이지 않는다.

더위에 강한 나팔꽃 같은 식물들은 대체로 더운 곳이 원산지이다. 그렇다면 이들 강한 식물은 어떤 대책을 갖고 더위와 싸워 이길 수 있는가? 그것은 스스로 냉각능력이 있기 때문이다. 밤에 많은 물을 흡수해 놓았다가 낮에 쓴다(그래서 물은 저녁에 주어야 한다).

선인장은 줄기에 물을 저장하며, 최대의 고민은 낮에 기공을 열면 귀한 물이 증발하고, 그렇다고 닫으면 이산화탄소 흡수가 불가하다는 것. 오랜 고민 끝에 '태양광이 강한 낮에는 기공을 닫고 서늘한 밤에 열어 이산화탄소를 흡수' 하는 시스템을 구축하였다. 흡수한 이산화탄소를 바로 쓰지 않고 비축했다가 낮에 태양광과 함께 광합성을 하는 작전이다.

대표적인 식물은 crassulacea이며 이런 류의 식물을 대사란 뜻의 crassulacean acid metabolism(=cam) 식물이라 부른다. 보통 식물은 1gr 체중을 늘리기 위해서 500-800gr의 물이 필요하지만, cam식물은 물 손실을 10분의 1로 줄인다.

식물도 혈액형이 있는가?

엽록소는 우리 인간의 적혈구에 있는 헤모글로빈과 기본 구조는 같으나 다른 점은 엽록소의 분자구조는 마그네슘이 중심인 데 반하여 헤모글로빈은 철이 중심이다.

식물 중 10% 정도는 인간과 같은 당단백을 갖고 있는 것으로 알려져 있으며, 혈액검사를 하면 O형이나 AB형이 많다고 한다. 메밀은 AB형, 무는 O형이다.

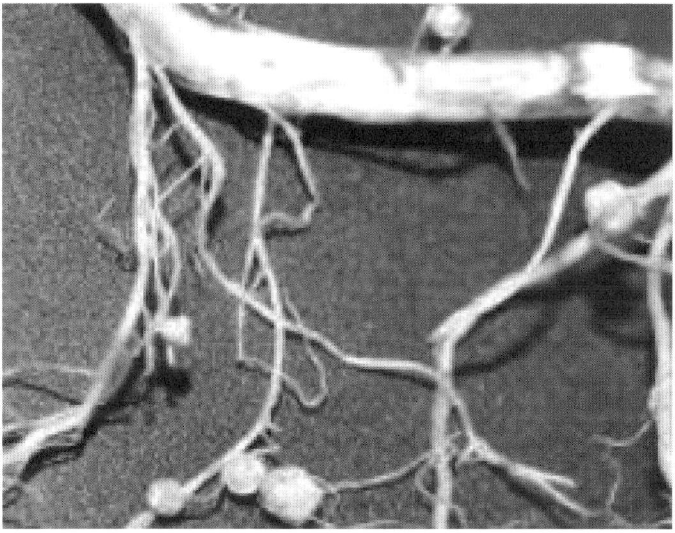

콩과 식물에는 인간의 헤모글로빈과 유사한 레그헤모글로빈(Leghemoglobin)이란 물질이 있다. 콩과 식물의 뿌리에는 근립균(根粒菌)

이 살고 있는 혹이 많이 달려 있다. 이 근립균은 식물에 질소를 공급하는 중요한 역할을 한다. 그래서 질소가 적은 척박한 토양에서도 성장이 가능한 것이다. 식물은 보상으로 근립균에게 영양분을 공급한다. 이러한 공생을 유지하기 위해서는 한 가지 문제를 필히 해결해야 한다.

근립균이 공기 중의 질소를 고정하기 위해서는 많은 에너지가 필요하며 그 에너지를 생산하기 위해서 산소호흡을 해야 하므로 산소가 필요하다. 산소가 필요하지만 산소가 있으면 질소고정이 안 된다는 것이 문제! 그래서 콩과 식물은 근립균이 필요한 최소한의 산소를 운반하고 남는 것은 즉각 제거하지 않으면 안 된다.

이런 문제를 해결하는 것이 콩과식물은 레그헤모글로빈이다. 인간의 헤모글로빈처럼 레그헤모글로빈도 산소를 효율적으로 운반한다. 콩과식물의 신선한 뿌리혹을 자르면 피가 스며든 듯 적색으로 물들어 있는데, 이것이 레그헤모글로빈이다.

바나나는 야채인가 과일인가?

토마토는 야채인가 과일인가? 워낙에 뜨거운 논쟁이 붙은지라 결국 미국에서는 재판까지 갔었다. 채소와 과일의 세율이 다르기에 어쨌든 결론이 필요했었는데, 법원에서는 '토마토는 씨를 갖고 있는 식물이라는 점에서는 식물학적으로는 과일이지만 실제로 야채와 같이 밭에서 길러지고 야채와 같이 스프에도 사용되므로 야채다.'라고 판결 내렸다.

이 판결은 수입관세가 높았던 야채 쪽이 국익에 보탬이 된다는 측면의 애국적인 판결이었다는 비난을 면치 못하였다. 식물학적으로는 아예 분류하지 않는다. 1년생 초본은 야채, 다년생 작물은 과일로 구별하는데, 그런 측면에서는 수박이나 멜론은 야채이다.

그렇다면 바나나는 과일일까? 바나나는 풀이긴 하지만 다년생이므로 과일이다. 바나나가 풀이라고? 그렇다면 나무와 풀은 어떻게 구별하나?

풀은 지상부의 줄기가 부드럽고 키도 작으며 겨울에는 말라 사라지는데 비해 나무는 줄기나 가지가 딱딱하고 키도 크고 겨울에도 건재하다는 식의 생각을 보통은 갖고 있다. 하지만 여기에 해당되지 않는 것이 조릿대이다.

식물학적으로 풀은 '1년초의 경우 동면하는 겨울눈을 아예 만들지 않고, 다년초의 경우에는 겨울눈을 땅속에 만든다.' 그리고 나무는 '겨울눈을 지상부의 가지나 줄기에 만드는 것'으로 분류한다. 그렇다면 대나무나 조릿대 모두 나무에 속한다. 꽃이 닮은 작약은 풀이고, 모란은 나무로 명확히 구분된다. 다만 죽순은 땅속에 있던 겨울눈이 봄에 자란 것이므로 예외이다.

| Did you know? | 균사도 빛을 본다?

균사가 버섯이 되려면 빛이 필요하다. 어두운 데서 자라는 균사는 언제까지나 결코 지상으로 나오지 않지만, 균사에 빛이 닿으면 우산이 된다. 어떤 균사는 초록이나 빨강색에서는 버섯이 안 되고, 반드시 청색 빛이 필요하다. 균사도 빛을 식별하고 있다는 이야기이다.

| Did you know? | 콩나물이 빨리 자라는 이유

대부분의 종자는 발아하기 위해서는 빛이 필요하다. 하지만 콩과식물은 암흑 속에서 발아한다. 아주 허약해 보이면서도 왜 이리 빨리 쑥쑥 자라는 것일까?

단 하나의 이유는 태양은 저 위에 있을 것이라는 굳은 신념하에 '빨리 빛을 만나고 싶은 열망' 때문이다. 드디어 빛을 만나면 위로 자라는 것을 즉각 중단한다.

| Did you know? | 식물도 잠을 잘까?

가만히 있는 듯 보이는 식물도 잠을 잘까? 대답은 'yes'. 자귀나무는 낮에는 잎을 펴고 활동하지만 밤이 되면 잎을 오므리고 잠을 잔다. 튤립은 밝기가 아닌 온도에 따라서 잠을 자는데, 낮은 온도에서는 활동하지 않는다. 4계가 뚜렷한 곳에서는 대체로 겨울에 잠을 잔다.

4부

히치하이크

• 기생생물 – 히치하이크

원래 '기생충'이라 불렀지만 근래에 학계에서 '기생생물'이라 부르기 시작하였다. 공생과 기생을 명확하게 구분 짓는 것은 매우 어려운 일이다. 주변 상황에 따라 한쪽이 배신하여 공생관계가 기생관계로 바뀌거나 또는 그 반대 현상이 빈번하게 일어나기 때문이다.

기생생물을 정의하자면 '자신의 생장과 번식을 다른 생물체에 의존하는 과정이 필수적인 생물'쯤 될 것이다. 지구상의 모든 생물에는 한 종 이상의 기생생물이 있다. 심지어는 너무 작아 기생할 자리가 없어 보이는 바이러스에게도 있다.

주변 환경을 억척스레 극복하며 살아가던 중 발상의 대전환을 한 생물들이 나타났는데 그것이 바로 기생생물이고, 이를 '기생의 혁명'이라 부른다. 하지만 혁명적인 발상의 전환이라고는 하지만 서커스 곡예처럼 몇 번에 걸쳐 숙주를 갈아타며(히치하이크) 극과 극의 환경을 극복하여야 하는 삶은 여전히 고단하다.

숙주와 기생생물의 결합은 복잡한 생물로의 진화를 촉진시켰으며, 이제는 지구 생명체의 절반 가까이를 차지하는 가장 보편적인 생물로 자리 잡았다. 지구상의 총 생물 600만 종(이중 학계에 보고된 것은 140만 종) 중 약 40% 이상이 기생생물이다. 포유동물은 한 생명체당 10종 가까운 기생생물이 살고 있다. 생물이 맺는 모든 관계의 약 75%는 직간접적으로 기생생물과 관련이 있다.

기생 생물과 숙주는 몇 억 년에 걸쳐 서로 경합하며 진화해 온 관계이다. 최초로 등장한 세균은 최초로 등장한 바이러스에 기생했고, 더 큰 다세포생물이 등장하면 세균은 또 거기에 기생해 왔다. 숙주 역시 여러 가지 방어기술을 발달시켜 오면서 오늘에 이른 것이다.

지구상의 약 50%의 생물들은 그들의 생활주기 중 최소 한 번 이상은 기생적 행위를 보이며, 어찌 보면 기생생물은 진화의 최첨단에 있을지도 모르는 일이다.

기생생물의 마인드 컨트롤

약 3년 전에 나는 뇌염을 앓았다. 처음 노원역에서 한 1분간 의식을 잃고 쓰러졌을 때에, 주위에 둘러섰던 많은 사람들이 "죽었다!"고 외치는 소리가 어렴풋이 들렸지만 이내 나는 의식을 되찾았고, 그로부터 약 2개월간 쓰러졌던 이유를 알아내려는 노력을 다방면으로 기울였으나 시간만 흘렀다.

그러던 어느 날 나는 갑자기 헛소리를 하면서 정신이상 상태를 보이기 시작하였는데, 놀란 아내는 나를 데리고 병원에 갈 요량으로 119를 불렀지만 나의 완강한 거부로 병원에 데려갈 수가 없었다(본인이 거부하면 강제로 데려갈 수 없는 게 119 규칙이라 함). 하는 수 없이 두 아들을 긴급 소집하여 강제로 병원에 옮겼으나 이미 의식불명 상태.

다행히도 병원의 신경내과 전문의가 즉각적으로 척수검사를 단행하여 정확한 병명을 찾아냈는데 그것은 뇌염. 바이러스가 뇌에 침입하여 신경계통의 장애를 일으키고 있다는 것이다. 위기일발, 절대절명의 위기를 극복하고 기적적으로 회복된 수년 후, 기생생물에 관한 연구를 하다가 뭔가 집히는 게 있었는데 그것은 기생생물이 침투하여 나의 생각을 지배하며 파괴시킨 것이 아닌가 하는 의구심이다.

반드시 숙주를 죽이고 밖으로 나가야 하는 기생생물이 나를 병원으로 가지 못하게 한 것이 아닌가 하는 의구심이다. 말도 안 되는 상상이라 할 수도 있겠으나 기생생물들의 기발한 작전들을 보면 꼭 허황된 상상이라고만 할 수는 없을 것이다.

인간은 모든 지시를 탑다운(top down) 형식으로 뇌에서 하는 것처럼 보이지만, 전부는 아니고 때로는 바텀업(bottom up) 형식으로 대장의 기생생물의 지시를 뇌가 이행하는 경우도 있는 것이다. '티 곤디(T Gondii)'라는 기생생물은 사람을 조정하는 것으로 판명되었다.

전 세계인의 약 30%의 머릿속에는 기생생물이 살고 있다고 한다. 기생생물은 눈에 보이지 않는 승객과 같아 인간의 면역체계를 흔드는 특기가 있어서 몸에 들어오는 순간부터 마술을 부리기 시작한다. 발열, 통증, 발진 등등. 우리들의 안에서부터 갉아 먹으며, 우리 몸을 이용하여 번식도 하면서 에너지를 고갈시켜 나간다. 결국 실명시키거나 독에 오염되게 하는 것이다.

기생생물은 아주 작은 것에서부터 2m나 되는 큰 것 모두가 숙주(宿主)의 행동을 조종하는 여러 가지 부정수단을 보이고 있다.

귀뚜라미의 기이한 행동

프랑스의 몽펠리에 대학교 진화생물학자 프레데리크 토마는 보통은 숲속의 풀숲에서 살아서 헤엄칠 줄 모르는 귀뚜라미가 내천에 뛰어 들어가는 장면이 목격하고 익사한 귀뚜라미로부터 슬금슬금 기어 나온 벌레가 그 자살의 동기가 아닌가 하는 의심을 품게 되었다. 그 이후 그의 끈질긴 노력으로 신비스런 기생생물의 세계가 밝혀졌다.

빠져나온 벌레는 유선형동물문으로 철사 모양의 가늘고 긴 연가시였다. 가끔 수목원에서도 발견되는 그는 숙주의 몸에서 나와 수중에서 교미를 하고 암컷은 한 번에 수백만 내지 최대 2,000만 개나 되는 알을 낳는다. 후에 알에서 부화한 유충은 물속을 헤엄쳐 다니는 중에 더 큰 모기의 유충에 부딪치게 되면 기회를 잃지 않고 달라붙어 작은 포자가 되어 그의 체내로 잠입한다.

모기의 유충이 날개를 달고 성충이 되어 날아오를 때 체내의 기생생물도 함께 육지로 날아오른다. 모기는 귀뚜라미에게 잡아먹히는 것으로 일생을 끝내고, 지금까지 모기 체내에서 잠자고 있던 포자는 귀뚜라미 체내에서 활동을 개시하는데, 길이가 자그만지 귀뚜라미의 3-4배나 되도록 긴 성충이 된다.

감염된 귀뚜라미는 처음에는 불규칙적인 움직임을 보이며 점점 물에 뛰어들 가능성이 높은 쪽으로 움직인다. 연가시가 성장하여 귀뚜라미의 내장을 거의 먹어 버리면 본격적으로 물에 뛰어들 태세를 보인다.

드디어 물에 뛰어들면 개구리가 잽싸게 기다렸다는 듯이 먹어 치우는

데, 연가시는 어떻게 기어 나오는가? 설사 탈출의 틈도 없이 개구리의 위 속까지 갔다 해도 발길을 돌려 아무탈도 없었다는 듯 개구리의 입을 통하여 기어 나온다.

최대의 수수께끼는 기생생물은 어떤 방법으로 숙주를 물에 뛰어들어 자살하게 만드는가이다. 건강한 귀뚜라미는 어두운 곳을 선호하지만 감염된 것은 빛을 좋아하므로, 물이 달빛에 반사되어 환하게 유혹할 때에 연가시는 숙주에게 '빛으로 가자'라고 속삭이거나 아니면 기생생물은 숙주가 목이 타게 갈증을 느끼게끔 하는 것일까? 그도 아니면 숙주의 유전자를 변형시키는 것일까?

이 모든 것을 가능케 하는 메커니즘은 귀뚜라미에서 보이는 신경화학물질이 기생생물에서도 똑같이 생산된다는 사실이다. 이 사실은 원만한 커뮤니케이션을 위해서 귀뚜라미가 인식 가능한 물질을 기생생물도 생산한다고 볼 수도 있다. 연가시는 귀뚜라미뿐만 아니라 사마귀, 딱정벌레, 바퀴벌레 등에도 기생하는데, 다만 인간에게는 기생할 수 없다.

흡충의 상상을 초월하는 책략

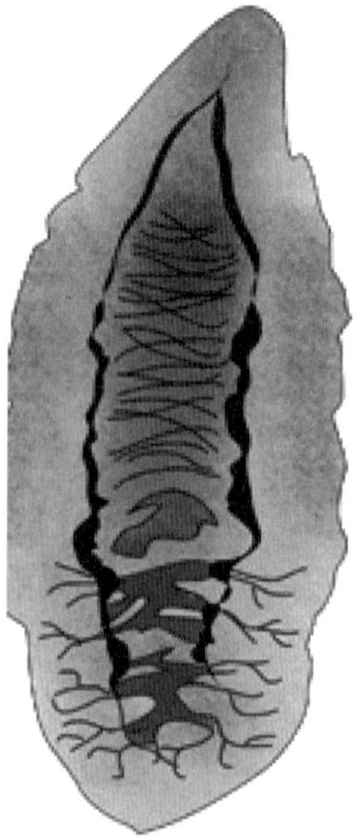

입이 두 개 있다고 해서 '디스토마'라고 하였지만 입이라고 여겼던 부분은 모두 흡반(sucker, 吸盤 = 숙주에 부착하기 위한 기관)으로 밝혀졌기 때문에 '흡충'이라고 이름을 바꾼 편형동물(扁形동물 = 편편한 모양의 동물). 중간숙주 안에서 유생생식(幼生生殖 = 애벌레가 애벌레를 낳음)하고 최종숙주 안에서 유성생식(有性生殖 = 암수가 짝짓기 하여 생식하는 것)한다.

기생생물로서 살아가는 생물은 뛰어난 적응력이 필요하며, 밥은 공짜라고 해도 큰 스트레스를 받는 일생을 살아가야 한다. 흡충 부류에 속한다면 세 번의 완전히 다른 환경에서 살아남아야 한다. 하지만 그 다른 환경을 갈아타기 위해서는 놀라운 적응력과 창의력을 발휘하지 않으면 안 된다.

처음에는 중간숙주인 개미의 체내에 머물지만 생식을 위해서는 최종숙주인 양의 담관(膽管)에 잠입해야 한다. 과연 개미에서 양으로 갈아타는 것이 가능이나 한 얘기인가? 양이 흡충 자신이 거주하는 개미를 먹어 치워야 하는데, 어떻게 가능하단 말인가? 흡충이 개발한 다음의 기발한 방법을 우리 인간의 머리로는 상상도 할 수 없을 것이다.

흡충은 개미의 뇌에 잠입하여 운동이나 먹는 것을 조정하는 뇌신경에 머물며 숙주의 모든 행동을 조정한다. 그렇게 감염된 개미의 행동은 낮에는 보통 개미와 별반 다르지 않지만, 밤이 되면 집에 돌아가지 않고 풀잎의 끝에 올라가 그것을 붙잡고 매달린다. 그 잎을 먹는 양이 와서 자신을 먹어 치우길 기다리는 것이다.

하지만 실패했을 경우 아침이 되면 다시 집에 돌아온다. 왜 낮에도 그대로 기다리지 않고 집에 돌아올까? 그것은 아마도 뜨거운 햇볕에 타 죽을 염려가 있기 때문일 것이다. 매일 밤의 노력 끝에 드디어 양에게 먹혔을 때 비로소 흡충은 양의 담관으로 갈아탄다. 하지만 양이 와서 먹을 확률은 너무나 낮기에 엄청난 인내가 필요할 것이다. 역시 고달픈 삶임에는 틀림없다.

리베이로이아 흡충은 알이 부화하여 1차 숙주인 달팽이 몸 안으로 들어가 증식한 후 달팽이 몸에서 나와 올챙이 몸속으로 들어간다. 올챙이 시절 감염된 개구리는 흡충이 다리의 성장을 막아 다리가 기형으로 자라서 포식자인 새가 와도 도망칠 수가 없다. 흡충이 최종 숙주인 새로 갈아타는 목적은 새는 어디든 날아가므로 광범위하게 번식하기에는 최적의 수단이기 때문이다.

송사리의 뇌의 표면에 수천 개의 흡충의 유충이 달라붙어 있다. 유충이 있는 장소로 미루어 '이 기생생물은 숙주 물고기의 마음을 간섭하려는 게 아닌가?' 하는 의문이 간다. 하지만 대충 보아서는 감염된 물고기는 아무 이상 없이 건강하게 보였다.

좀 더 자세히 감염된 것과 아닌 것을 잘 관찰하였는데, 감염된 물고기는 수면에서 재빠르게 움직이며 몸을 흔들기도 하고 수면 위로 뛰어오르기도 하여 포식자인 새들의 눈에 잘 띄는 행동을 빈번하게 하였다. 포식자인 새들이 이런 광경을 구경만 하겠는가? 결국 감염된 물고기는 전부 사라지고 말았다. 기생생물들은 그네들이 꼭 가야 할 최종 숙주인 새들의 체내로 성공적으로 이동한 것이다.

그렇다면 그네들은 어떤 방법으로 숙주의 행동을 그렇게 유도했을까? 건강한 고기는 세로토닌회로가 활성화되어 있고, 감염된 고기는 그 회로가 거의 작동하지 않는다는 것을 알았다. 기생생물이 많으면 많을수록 세로토닌회로가 작동하지 않는다는 것이다. 세로토닌이 작동하지 않으면 불안이나 위험을 감지하지 못한다.

• 구두충의 기상천외한 작전

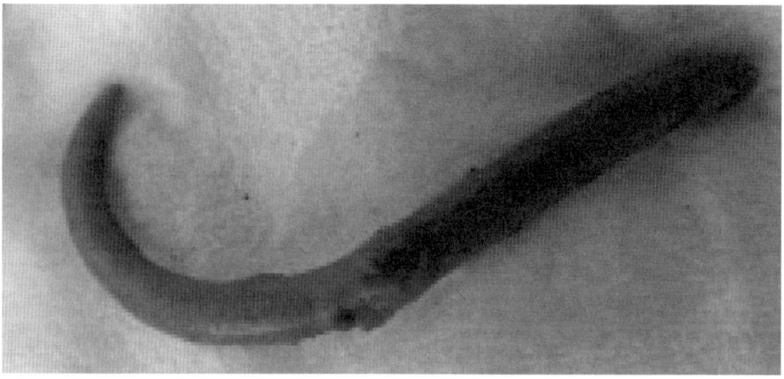

Acanthocephala spp. 길이 5-10㎜ 정도로 지렁이같이 흐물흐물한 주머니 모양으로 머리에 갈고리들이 나란히 나 있다. 이 기생생물은 성충이 되기 전에 물에 사는 작은 새우나 게 같은 갑각류의 체내에서 머물지 않으면 안 된다. 이 구두충이 성장의 다음 단계로 들어가기 위해서는 물오리의 장(腸) 속에 들어가야 하는데, 과연 갑각류에서 물오리로 갈아탈 수 있을 것인가?

물오리는 수면 위에 머물면서 갑각류를 잡아먹는다. 구두충에 감염된 갑각류는 예상 밖의 이상한 행동을 하는 것이 아닌가? 보통 갑각류는 위험을 느끼면 수면 밑으로 사라지거나 모래 속으로 숨는데, 감염된 것은 모래 위에 눈에 잘 띄는 곳에서 물새들이나 수생 포유류가 좋아하는 수초를 입에 물고 오히려 물오리 쪽으로 걸어가는 것이 아닌가? 구두충이 원하는 대로 순식간에 잡아먹히고 만다.

• 잔학한 기생벌

벌이 거미의 복부에 산란한 때부터 기생벌의 독재가 시작된다. 알이 부화해서 작은 지렁이 같은 유충이 되면 거미의 복부에 작은 구멍을 만들고 체액을 빨아먹는다. 최상의 영양원을 확보한 유충은 쑥쑥 자라고, 그동안에 거미는 통상의 거미집(spider web)을 짓고 계속 먹이를 나포한다.

일주일 정도 지났을 때 벌 유충은 거미 몸속에 화학물질을 주입한다. 이것은 자신의 전용 육아실을 지으려는 책략이다. 이때부터 거미는 지금까지와는 다른 어떤 폭우에도 견딜 수 있는 특수한 원료를 사용하여 견고한 공중의 방(air room)을 짜기 시작한다. 이 방에 있으면 지상의 어떠한 천적으로부터도 안전하게 지낼 수 있는 것이다. 거미는 이 육아의 안전을 위해 이 공중 방을 위장하여 은닉하려는 목적의 특별한 장식까지 한다.

이렇게 대단한 서비스를 하는 거미에게는 어떤 보상이 따르는가? 이 공중 방의 건설이 거의 끝나 갈 즈음 갑자기 유충은 거미를 살해하여 체액의 최후의 한 방울까지 빨아들인다.

이후 유충은 고치를 만들어 그 속으로 들어가 미라 같이 지내다가 탈피하여 성충이 되는 것이다. 많은 기생벌들은 이와 같이 거미를 교묘하게 조종하는 마술사인 것이다.

'포식기생'은 기생생물이 발육기간 중의 숙주의 내외부에서 자라면서 숙주를 서서히 죽여 가는, 떠날 때는 완전히 죽이는 잔인한 기생방식을 말하는데, 전체 곤충종의 약 10%가 이런 포식기생의 방식을 사용하여 성장한다.

고치벌(Glyptapanteles)은 기생말벌 중의 하나로 티린티나 나방의 애벌레에 기생하며 살아간다. 고치벌의 유충이 나방애벌레 안에서 충분히 성장하면 숙주의 몸 밖으로 나와 고치를 짓고 성충이 될 준비를 하는데, 놀라운 일은 숙주가 먹지도 움직이지도 않고 고치 근처에 머물면서 고치를 단단히 고정시키고 포식자들을 퇴치한다는 것이다. 수호자(나방애벌레)가 수호하면 58%의 높은 생존율이지만, 수호자가 없으면 10%대로 생존율이 떨어진다고 한다.

드디어 기생말벌이 부화하면 숙주인 나방애벌레는 탈진하여 죽어 간다. 몸을 내준 것도 모자라 수호자 노릇까지 해 주는 이런 서비스는 세상에 또 없을 것이다. 여기서 한 가지 불가사의는 기생생물이 나방애벌레 밖으로 나온 이후에도 숙주를 조종할 수 있다는 사실이다.

기생란은 진화전쟁 중

나는 익히 알려진 뻐꾸기의 탁란(deposition, 托卵)을 '기생란'이라 부르고 싶다. 지구상의 생명체의 거의 반에 이르는 종이 기생생물이고, 그 기생생물은 각각 상상을 초월하는 방법으로 진화해 왔다. 동식물은 물론 균류나 바이러스에 이르기까지, 생명체에는 반드시 기생생물이 기생하고 있는 것이다.

전 세계의 약 9,000종의 새 중에서 102종이 탁란을 하는 것으로 보고되고 있다. 이와 비슷한 탁란은 벌이나 물고기에서도 어렵지 않게 발견되고 있다. 우리가 흔히 부르는 탁란조에는 두견이, 뻐꾸기, 매사촌, 아프리카의 천인조, 아메리카의 탁란찌르레기, 검은머리오리 등이 있으며, 숙주새에는 붉은머리오목눈이, 산솔새, 검은딱새, 개개비, 휘파람새, 때까치, 종달새, 멧새 등 알이 비슷한 새들 다수가 포함되어 있다.

잘 알려진 뻐꾸기의 붉은머리오목눈이(뱁새) 둥지에의 탁란 스토리를 간략하게 정리하면 다음과 같다. 뻐꾸기는 뱁새둥지를 잘 관찰하다가 뱁새가 알을 낳고 잠시 둥지를 비운 사이에 10초도 안 되는 시간에 잽싸게 그 둥지에 알을 하나 낳고 대신 뱁새 알을 하나 밖으로 던져 버린다.

이런 사태를 막기 위해 뱁새들은 둥지를 은밀하게 지으려고 애쓰며, 집단으로 뻐꾸기를 공격하기도 하고 접근하지 못하도록 경계를 서기도 하지만, 평균 30군데의 둥지 중 한군데는 어쩔 수없이 당한다고 한다. 그리고 희귀한 경우이지만 둥지에 뻐꾸기 알을 발견하면 가차 없이 내다 버린다고 한다.

이미 어미의 배 속에서 부화를 시작했기 때문에 2주가 부화 기간인 뱁새보다 하루 이틀 빨리 부화한 뻐꾸기의 새끼는 자기 몸에 닿는 것이라면 무엇이든 밀어내는 본능에 따라 아직 부화하지 않은 뱁새의 알을 모두 둥지 밖으로 밀어낸다. 그리고 이후 어미가 물어다 주는 먹이를 독점하는데, 뻐꾸기 새끼가 크게 벌린 선명한 주황색의 입안은 뱁새에게는 더 열심히 먹여야 하겠다는 결의를 다지게 한다고 한다.

이때까지만 해도 뻐꾸기 새끼의 뇌 용량은 다른 새보다 훨씬 커서 거의 천재 수준이라고 하지만 이때 이후로는 뇌성장이 멈추어 'cuckoo'는 얼간이란 뜻으로 통하게 된다. 사실 내가 보기에는 얼간이이기는커녕 최고의 천재 같은데 이해가 안 간다.

새끼가 자기보다 3배 이상 크게 자랐는데도 계속 모이를 물어다 주는 우스꽝스런 모습은 우리로서는 이해할 수가 없다. 둥지가 비좁아 밖에 있는 가지에 나온 새끼를 찾아서까지 모이를 준다. 때가 되면 어미 뻐꾸기가 와서 데려간다.

그런데 여기서 몇 가지 의문이 생긴다. 대여섯 군데의 뱁새둥지를 관찰하여 알을 낳는 타이밍을 맞추기란 여간 어려운 일이 아닐 텐데…. 뻐꾸기는 차라리 스스로 둥지를 만들어 육추하는 것이 더 편하지 않을까?

뻐꾸기는 알을 한두 개 낳을 때마다 짝짓기를 해야 하는데, 대여섯 개의 모든 알을 한꺼번에 품으려면 먼저 낳은 알을 품어 주지 못하니 부패할 가능성이 있고, 또 짧게 머무르는 철새이므로 다 품을 시간도 없고, 다리가 짧아 자기의 알을 품을 수도 없는 구조라는 것이 이유라고 한다.

그렇다면 뱁새의 경우에는 완전히 자기 새끼인 줄을 모르는 것일까? 아니면, 알면서 어쩔 수 없이 그렇게 육추를 해 주는 것일까? 이 문제에 관해서는 누구도 대답을 못한다. 다만 기생란 때문에 일어나는 번식의 손실은 1년에 2번 육추를 하는 것으로 커버가 된다고 한다.

이미 BC 4세기에 아리스토텔레스가 이러한 기생란의 기록을 남겼으며, 생태계의 다양한 기생행태는 설명될 수 없는 부분이 너무 많다고 하였다. 다윈 역시 "뻐꾸기의 기생행동은 자연선택을 통한 진화전쟁中"이라고 규정하며 설명이 어려움을 토로하였다.

• 아메리카새삼

작고 하얀 다섯 장의 꽃잎을 단 꽃을 피운다. 이 풀은 북미대륙에서 흔하게 볼 수 있는데, 식물임에도 잎도 없거니와 녹색도 띠지 않는다. 그러니 광합성은 불가능한 것이다.

하지만 잘도 살아가는데, 그 이유는 주위의 식물에 기생하는 방법 때문이다. 자신의 뿌리를 숙주식물의 유관속에 집어넣어 영양분을 빨아들인다. 그런 염치없는 주제에 더 웃기는 것은 아무한테나 기생하지 않는다는 것이다.

씨는 보통 다른 식물의 그것과 별 다름없이 발아하는데, 발아 후 3일 이내 숙주식물을 찾아야 하기에, 싹이 나오면서 바로 주위 식물의 상황을 관찰하고 곧바로 그 식물 쪽으로 뻗어나가서 줄기에 달라붙어 유관속에 자신의 미세한 관을 집어넣는다. 대부분의 숙주식물은 고사하고 만다.

그렇다면 어떻게 숙주를 선택하는가? 여러 실험 연구 결과는 '냄새를 맡는 탁월한 능력'을 소유하고 있어 입맛에 맞는 식물을 찾아간다는 것이다. 아주 유사한 화학성분의 식물들을 놓고 실험을 하여도 언제나 일정한 식물을 향해 첫 싹이 나아간다는 것이다.

• 해 끼치지 않는 극단의 검약가

숙주에 전혀 해를 끼치지 않는 기생식물이 있을 수 있을까? 이끼는 뿌리가 없으므로 가근(假根)을 사용하여 수피에 부착한다. 빛을 받지도 않고 땅에서 물이나 영양을 흡수하지도 않으며, 숙주 속에 뿌리를 내리지도 않으면서 살아가는 방법이 독특하다.

그 이유는 극단의 검약가이기 때문이다. 이끼는 아침 이슬, 밤이슬, 안개비로부터 수분을 섭취하고 또 비축까지 한다. 침엽수는 줄기로 빗물을 흘려보내지 않으므로, 빗물이 줄기를 타고 내려오는 활엽수를 더 좋아한다. 빗물이 잘 내려올 듯한 곳을 택한다.

이끼가 사용하는 물의 양은 극소량이며 많은 것을 다시 숲으로 발산하여 숲의 환경을 좋게 하는 데 큰 역할을 감당한다. 이끼는 먼지가 섞인 물에서 영양분을 섭취하는 것은 마치 틸란드시아가 공기 중의 먼지로부터 영양분을 얻는 것과 같은 이치이다.

젊은 나무들의 울창한 숲에는 빛이 없는 반면, 늙은 나무들의 숲은 부러지고 쓰러진 틈 사이로 빛이 들어오기에 그런 숲을 선호한다. 봄가을에 나무들의 잎이 적을 때 가느다란 빛을 받아 번식한다.

아이슬랜드의 광활한 이끼밭

지뢰를 닮은 내생균의 공생

근균(根菌)의 대부분은 균사가 뿌리의 바깥쪽에 붙어 있는데, 이것을 '외생균'이라 한다. 그리고 거기에 대립되는 '내생균'은 나무의 체내에서 생활하는 균을 말한다. 내생균은 사람 눈에도 보이지 않고 자실체도 만들지 않으므로 잘 드러나지 않는다. 기생의 흔적도 없이 우호적인 세입자인 양 나무 속에 자리 잡고 산다.

참나무 잎에서 자리 잡고 사는 내생균은 지뢰를 닮았다. 지뢰는 밟지 않으면 폭발도 안 할 뿐만 아니라 존재조차 모른다. 내생균은 벌레혹이 누르지 않는 한 폭발하지 않는다. 이 균은 작은 곤충혹에 의해 눌릴 때 마치 지뢰처럼 활성화(=폭발)되어 누른 곤충을 격퇴하여 참나무(=숙주나무)를 돕는다. 이것으로 임대세는 내는 셈이 된다.

한편 북아메리카의 침엽수 더글러스퍼의 잎에 벌레혹이 발생하지만, 내생균이 상당 부분 격퇴하여 숙주나무를 도와주는 것으로 판명되었다.

내생균은 나뭇잎에 기생하면서 자신의 영토에 침입해 오는 곤충을 자신이 분비하는 항생물질로 격퇴함으로써 숙주나무와 공생관계를 형성하는 것이다.

건강한 상생

뉴욕시에 살 때 허드슨강의 명물 뉴버르-비콘다리를 건너 북쪽으로 87번 도로를 90분 정도 달리면 작고 아름다운 미네와스카 호수가 나타난다. 뉴욕시 주위에 딱히 가 볼 만한 숲이 없었기에 스테이크 2~3㎏을 사 가지고 자주 이곳으로 나들이 갔는데, 그 호수 주위는 스테이트 보호구역의 너도밤나무 숲이 있다.

너도밤나무의 특징은 줄기에 회색이나 갈색의 반문(斑紋)이 미술적으로 그려져 있어서 아주 노블한 느낌을 준다는 점이다. 그 반문은 지의류였던 것이다. 지의류는 조류와 균류가 공동생활하고 있는 식물이다.

본시 조류(藻流)는 바다나 강에 사는 것이었는데, 오랜 진화 과정을 통하여 물속에 사는 것으로 만족치 못하고 육지로 진출하였는데, 곤란한 일이 발생하였다. 조류는 물속에서 살아왔기에 잎은 물이 자유롭게 드나들도록 되어 있어 육지에서는 수분이 속절없이 다 빠져나가게 된 것.

또 하나의 문제는 수중의 조류는 일반 엽록식물과 동일하게 광합성을 했는데 그 과정에서 필요한 물은 잎을 자유로이 드나들었기에 문제없었지만, 육지에서는 뿌리가 물을 공급해야 하는데 그게 어려워졌기 때문이다. 조류가 이 문제들을 해결하지 못해 당황해하고 있을 때 곰팡이(균류)가 다가와서 말했다.

"육지에서 살 수 있도록 도와드리고 싶습니다. 수분이 나가지 않게 잎의 표면을 덮어 드리지요. 그리고 균사로 뿌리를 만들어 땅에서 물이나 미네랄을 끌어올려 드리지요. 대신 당신이 광합성을 해서 만든 영양분을 조금 내게 주세요."

엽록체를 갖고 있지 않은 조류는 영양분을 만들 수가 없으므로 이 제안은 즉각 수락되었음은 당연하다. 이렇게 하여 조류와 균류의 공동생활이 시작된 것이다. 건강하고 아름다운 상생의 이야기이다.

나무와 균류의 동맹

수백만 년 전에 맺은 동맹이다. 균류의 세포벽은 곤충에서는 흔히 보이나 식물에는 없는 '키친'이라는 물질로 되어 있다. 결국 균류는 식물보다 곤충에 가깝고, 광합성이 안 되므로 밖으로부터 영양을 받아야 한다.

졸참나무는 균사체를 활용하여 뿌리의 총면적을 수배 확장하고, 균사에 의지하여 수분과 영양분을 흡수하며, 그 보상으로 나무가 만든 영양의 약 3분의 1을 균류에게 준다. 균류는 더 나은 협력관계를 유지하기 위해 나무가 뭘 원하는지를 잘 관찰한다. 예를 들면, 중금속 같은 것은 나무에 유해하므로 자신이 흡수한다. 균류에게는 무해하다. 유해 박테리아침입도 막아 준다.

균류는 자신의 파트너를 신중하게 선택하여 정착한다. 특이하게도 졸참나무 뿌리에는 100종류 이상의 균류가 존재하는데, 나무의 입장에서는 좋지만 균류 입장에서는 경쟁이 치열해져서 곤란하므로, 균류도 복수의 종류의 나무와 동맹을 맺는다.

균류는 삶이 궁핍해지면 흉포해진다. 스트로브잣나무에 공생하는 큰여우버섯은 질소가 부족한 경우 독을 지면에 방출하여 톡토기와 같은 작은 생물을 죽여서 그것들이 부패하면서 생기는 질소를 나무와 균류가 같이 이용하도록 한다. 하지만 때로는 거대한 무법자 살인마 버섯에 걸리는 바람에 모든 영양을 빼앗기고 죽어 가야 하는 나무들도 많다.

• 공진화(共進化)

황다리독나방의 유충은 층층나무 잎만 먹으며 여기에만 알을 낳는다. 이 유충은 왜 이 잎만을 먹을까? 확실한 생존을 위해서는 먹이를 다양화해야 하지 않을까?

많은 벌레들이 식물의 잎을 먹고 살기에 식물들은 나름 여러 방어 물질들을 생성하여 이 충해를 이겨 내려 노력하고, 곤충들은 그 식물의 유해물질을 이겨 내려고 끝없이 노력한다. 이 과정을 통하여 더불어 진화해 나가는 것이다.

곤충의 입장에서는 어느 한 식물을 타깃으로 하여 연구하는 것이 용이하다. 이것이 오랜 세월 동안의 습관으로 많은 곤충들에게 먹는 먹이가 거의 정해져 있는 이유이다. 이 성질을 '기주특이성'이라 부르는데, 지구상의 약 40만 종의 초식 곤충 중 약 32만 종이 기주특이성을 갖고 있어 오직 한 과에 속한 몇몇 나무의 잎만을 먹는다.

꽃과 곤충의 관계도 마찬가지. 예를 들면 꽃들은 꿀벌들에게만 꿀을 허락하고 싶어서 벌이 꿀을 채취하기 용이한 방향으로 진화해 왔다. 한편 벌도 꽃에 잠입하기 쉬운 방향으로 발전해 왔기에 이런 공통의 진화 현상을 '공진화'라고 부른다.

5부

풀들은 주장하고 있다

현대는 나르시시즘 시대

현대는 필연적으로 나르시시즘의 시대가 되었다. 특히 나같이 열등의식으로 기 한번 못 펴고 평생을 지낸 사람은 자식에게만은 절대 나 같은 사람 되지 말라고 나르시시즘을 부추긴 결과이다.

나르시시즘의 유래는 파우사니아스의 '그리스 이야기'로부터 출발한다. 아름다운 소년 나르키소스는 echo를 포함하여 많은 여인들의 구애를 거절하고, 오로지 자기 자신만을 사랑한다. 어느 날 숲속에서 물을 마시려고 샘에 몸을 굽혔는데, 물속에 비친 너무나도 아름다운 자신의 모습에 반하여 그 모습을 열렬히 사랑한 나머지 숲을 떠나지 못하고 죽어 갔다. 죽은 자리에 수선화(속명 = Narcissus)가 피었다는 이야기이다.

수선화는 이제 더 이상 야생화가 아니다. 사람들이 즐겨 가꾸는 원예화가 되어 뜰이나 공원에서 사랑을 독차지하고 있다. 이제 많은 사람들의 사랑을 받고 있는 만큼, 나르키소스도 자신만의 도취에서 벗어나 남들도 사랑할 수 있을까?

정호승 시인의 「수선화에게」 한 구절이다.

울지 마라
외로우니까 사람이다
살다간다는 것은 외로움을 견디는 일이다
공연히 오지 않는 전화를 기다리지 마라

눈이 오면 눈길을 걸어가고
비가 오면 빗길을 걸어가라
갈대숲에서 가슴 검은 도요새도 너를 보고 있다
가끔은 하느님도 외로워서 눈물을 흘리신다
새들이 나뭇가지에 앉아 있는 것도 외로움 때문이고
네가 물가에 앉아 있는 것도 외로움 때문이다
산 그림자도 외로워서 하루에 한 번씩 마을로 내려온다
종소리도 외로워서 울려 퍼진다

특히 외로움을 스스로 찾아가는 나에게는 백합원의 수선화들이 더없는 친구들이다. 그네들은 외롭지 않으려고 무리지어 핀다.

세상에는 네 종류의 신선이 있는데 인선(人仙), 천선(天仙), 지선(地仙) 그리고 수선(水仙)이 그것이다. 물에 사는 신선, 그 이름처럼 맑고 고운 고귀한 모습에 반한다.

추사 김정희가 제주도 유배 시절 친구에게 "수선화는 천하의 구경거리입니다. 제주도에는 모든 마을마다 조그만 남는 땅이 있으면 수선화를 심습니다."라고 전했는데, 그렇다. 제주도는 수선화의 고장이다.

고추는 매운맛으로 방어한다

16세기 초 콜럼버스와 함께 항해한 찬카가 스페인으로 가지고 들어가자마자 인기가 폭발한 고추는 기원전 7000년경 이미 야생에서 채집되었으며 4000년경 재배가 시작되었다.

고추의 매운맛 성분은 캡사이신(capsaicin)이란 물질인데, 고추는 이 물질로 곤충의 공격을 방어한다고 한다. 캡사이신은 물에 녹지 않으므로 물을 마셔도 매운맛은 그대로이다.

캡사이신은 곤충이 적은 지역보다 많이 서식하는 지역의 고추에 더 많이 포함되어 있다. 그것은 곤충이 열매를 깨물면 상처가 생기고 병원균이 침투하여 안에 있는 종자를 죽여 버리기 때문에 병원균의 번식을 막는 캡사이신이 필요하다는 것이다.

이렇게 매우면 새들이 열매를 먹지 않아서 새들의 변을 통하여 씨가 퍼져 나갈 수 없지 않을까 하는 걱정을 할 수도 있지만, 고맙게도 새들에게는 매운맛을 느끼는 감각이 없다.

인간을 이용하는 잡초

잡초라는 용어의 풀이를 사전에서 보면 "자연에 나는 여러 가지 풀, 가꾸지 않아도 저절로 나서 자라는 풀, 이름도 모르는 잡다한 풀, 생명력이나 생활력이 강한 풀" 정도로 설명되어 있다.

'잡(雜)'은 여러 가지가 섞여 있는 좀 변변치 않으며 주요 부분이 아니라는 인상을 주는 글자인데, 'weed'(영어)나 'unkraut'(독일) 같은 외국의 용어에는 단순히 다양한 종류가 섞여 있다는 뜻만이 존재하며 얕보는 이미지는 찾아볼 수 없다. 인디언 사회에는 아예 잡초란 말 자체가 없다.

우리는 들에 있는 풀들을 잡초라고 부르지 않는다. 다만 경작지에 나서 경작 작물을 방해하는 풀을 잡초라고 부른다. 그것은 돈이 되는 일을 방해하는 풀로 이해되는 셈이다. 약용이나 식용으로 유용한 풀들을 단지 경작에 방해된다는 인간 중심의 입장만으로 변변치 않다는 이미지의 이름으로 불리는 것은 마음에 들지 않는다.

잡초를 제거하려면 '그냥 내버려 두라'는 역설이 있다. 식생천이과정을 보면 금방 이해가 가는 이야기이다. '농업은 잡초와의 전쟁', '농사는 70%가 잡초와의 전쟁'이라고 할 정도로 우리는 누구나 논에서 혹은 밭에서 잡초 때문에 고생해 본 기억을 갖고 있다.

인간에 의해 엉망이 된 곳을 오히려 그들은 선호하는 모양새이다. 인간이 경작하는 작물은 그 땅에 반드시 적합한 식물이라고는 말할 수 없다. 그러니 애당초 경작 작물과 잡초 사이는 싸움이 안 된다.

땅속에서 기회만 노리던 씨앗들이 인간의 밭갈이에 의해 햇빛을 받고 일제히 싹을 틔운다. 500종이 넘는 종류의 종들이 논밭에서 자란다. 민들레는 뿌리의 일부분들도 각자 재생능력이 있고 사초는 지하줄기에 의해 번식되므로 지상부가 훼손되어도 번식에 상관없으니 그들은 오히려 인간의 경작을 이용하는 셈이다.

잡초는 같은 그루에서 나온 씨앗끼리도 크기나 무게가 저마다 다르다. 어떤 환경에서도 살아남으려는 목적이다. 좋은 기후 환경이 찾아올 때까지 또는 혹독한 기온이나 병이 있으면 휴면한다. 인간이 가까이 있는 곳에서는 씨앗들은 미래가 불확실하므로 재빨리 성장하여 자손을 남긴다.

잡초는 토양을 지켜 주고, 가뭄에도 토양이 수분을 머금게 하고, 홍수 때는 땅을 지키고, 토양의 독성을 흡수하여 중화시키는 등 인간에게도 무척 이로운 풀이다.

• '백조 왕자'의 진실

옛날 어느 왕국에 11명의 왕자와 1명의 공주를 둔 홀아비 왕이 살고 있었다. 왕은 왕비로 둔갑한 마녀와 재혼하였다. 새 왕비는 왕의 자실들을 몹시 싫어하여 왕자들을 모두 백조로 둔갑시켜 내쫓아 버리고 공주마저 시골로 쫓아 버렸다.

그러던 어느 날 공주의 꿈에 한 요정이 나타나 쐐기풀로 짠 옷을 오빠들에게 입히면 저주가 풀린다는 말을 남긴다. 잠에서 깬 공주는 쐐기풀을 뜯어 옷을 짜기 시작하는데, 이 공주의 아름다운 모습에 반한 이웃나라 왕은 자신의 성으로 데려간다.

하지만 성안의 사람들은 매일 무덤가에서 쐐기풀을 뜯는 공주를 마녀로 의심하고, 끝내는 왕까지 그녀를 의심하게 되어 공주를 감옥에 가둔다. 그러나 공주는 감옥 안에서도 계속 쐐기풀로 옷을 짜기를 멈추지 않았다.

공주의 처형식이 집행되는 날, 사형대에 백조들이 날아왔고 공주는 자신이 짠 11벌의 옷을 던져 준다. 그 순간 백조들은 왕자로 돌아왔고 오해가 풀린 왕은 공주와 결혼하게 된다. 이상이 안데르센의 「백조 왕자」의 이야기이다.

쐐기풀은 실을 만드는 재료로 쓰이는 모시풀과 흡사하지만, 크게 다른 것은 무수한 가시가 나 있다는 점이다. 그 가시가 굉장한 아픔을 주기 때문에 마술을 푼다고 알려져 왔다.

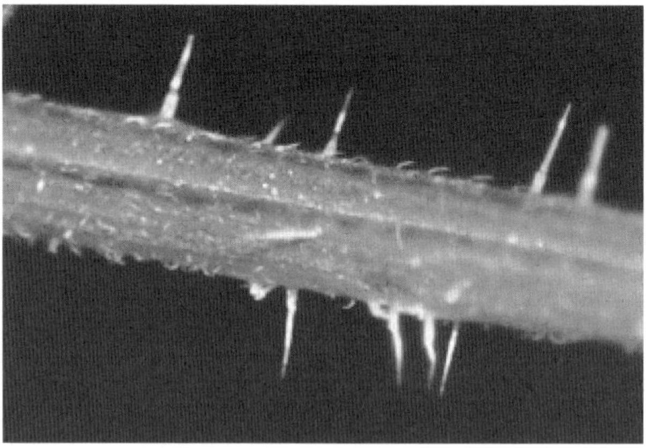

사실 쐐기풀의 가시는 너무나 섬세하여 아프지 않을 것 같이 보이지만 하지만 그것은 단순한 가시가 아니라 독침(毒針)인 것이다.

가시의 밑동에 포름산이란 독이 들어 있는 주머니가 있다. 가시가 피부를 찌르는 순간 가시가 이탈하면서 주머니의 포름산 독이 주사침처럼 주입된다. 말벌의 독침이나 살무사의 이빨과 같이 생물계에서는 최고 수준의 방어시스템을 갖추고 있는 셈이다. 곤충은 절대 접근하지 않는다. 사람도 피부가 부어오르면서 아주 아프다.

가시투성이인 쐐기풀을 매일 만졌어도 아무 탈 없었던 것은 공주 자신이 마녀였을 가능성이 높다는 의심을 받기에 충분하다. 아니면 공주의 애틋한 정성이 모든 것을 초월했을지도 모르는 일.

무의 줄기는 어디로 사라졌나?

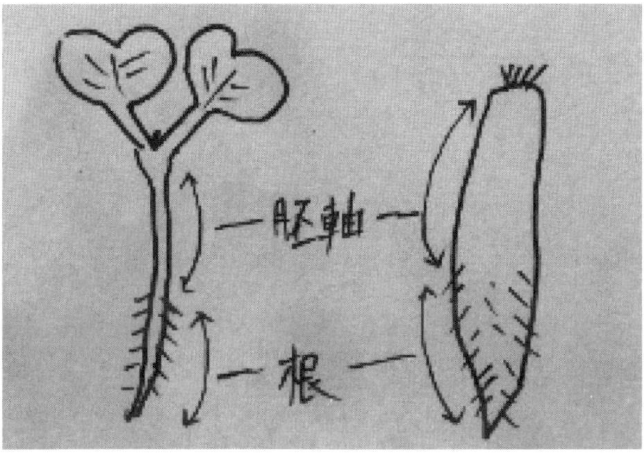

오늘날 '무 다리'라고 하면 큰 실례이지만, 옛날로 거슬러 올라가면 최고의 미인에게 칭찬하는 말이었다. 무 같이 하얗고 가는 모양을 빗대서 하는 말이었다고 한다. 무는 오랜 기간 개량을 거듭하여 원래의 가느다란 모습에서 굵고 튼튼한 모습으로 변한 것이다.

싹이 난 모습을 보면 뿌리(根), 줄기(胚軸), 떡잎을 확연히 구별할 수 있지만 다 자란 무의 모습에서는 배축(줄기)이 어디 갔는지 보이지 않는다. 하지만 자세히 보면 무의 아랫부분에 가는 털뿌리가 있는 부분이 뿌리이고 없는 윗부분이 배축이 굵어진 줄기로 땅위에 나와 있다.

배축 부분은 물과 양분을 수송하는 줄기 역할을 하므로 물렁물렁하며 샐러드에 적합하고 단맛이 난다. 뿌리 부분은 위의 배축보다 10배 정도 더 쓰며 주로 진한 맛을 내는 데 쓰인다.

클로버는 복수한다

성 패트리치오가 세 잎 클로버를 '믿음, 소망, 사랑'에 비유하면서 한 장 더 있는 것은 '행복'이라 했던 유래로 행운의 네잎클로버가 생겨났다는 설이 있다.

어렸을 적에 여자아이들이 왕관처럼 클로버를 짜서 좋아하는 남자아이 머리에 씌워 주면서 '날 잊지 말아 줘!' (그래서 꽃말이 '날 잊지 말아 줘'이다) 단단히 약속하였으나 성인이 되면서 남자아이에게는 좋아하는 사람도 생기고, 그러나 여자아이는 일편단심 그 약속을 잊지 못하여 다른 여자를 좋아하는 남자아이를 바라보며 질투에 불탄다.

애정과 증오는 종이 한 장 차이라 했던가? 그 질투는 복수로 발전하게 된다. 그래서 또 다른 꽃말의 탄생. '복수'!

외계(?)에서 온 옥수수

예부터 남미에서 재배되어 왔던 것을 콜럼버스가 확산시킨 것이 아닌가 하는 설이 있을 뿐, 아직 모든 것이 확실하지 않다. 외계에서 왔다는 설이 있는 이유는 본시 모든 재배식물은 그 오리지널 야생종이 있게 마련인데 오직 옥수수만은 유일하게 그것이 발견되지 않고 있기 때문이다.

하나 추측되고 있는 것은 테오신트 그래스(teosinte grass = 중앙아메리카의 옥수수의 근연종(近緣種)으로 알려진 것)가 그나마 유일한 단서이지만 너무나 머나먼 추측으로 믿기 어려운 것 또한 사실이다.

볏과의 옥수수속에는 옥수수가 유일하며, 줄기의 위쪽에 수꽃이 피고, 중간에 암꽃이 피어 열매를 맺는데, 이 역시 특별한 모습. 볏과는 단자엽식물 중에서도 난과 다음으로 큰 그룹으로 8,000여 종이 있지만 옥수수와 같은 것은 단 하나도 없다.

기원전 2세기경에 성립된 마야문명의 주식이었던 옥수수는 신성한 작물로 숭배되었고, 결국 그것으로 인간을 빚었다는 전설도 전해진다. 외계인이 가지고 왔다고는 보이지 않지만, 지금 지구상에서 가장 많이 경작되는 작물이다. 그리고 현대인의 몸의 40%는 옥수수라는 말도 있을 정도로 점점 더 확실하게 지구를 지배하고 있는 양상이다.

• 양귀비에 반하다

중국 시안에 있는 당나라 시절의 미인 양귀비가 목욕하며 지냈다는 화청지의 벽화 속의 양귀비는 비만 중의 비만이다. 1,000여 년 전의 미의 기준은 지금과는 많이 달랐던 모양으로, 비만이 미인의 조건이었던 것 같다.

미국 캘리포니아주의 오렌지카운트에 있는 라구나니구엘시(市)의 길가에 심어진 양귀비는 여리고도 가냘픈 아름다움으로 운전자들의 눈길을 사로잡아 언제나 교통체증을 유발한다.

꽃양귀비는 유럽원산으로 대개 붉은색이고, 아편 양귀비는 흰색. 고대 이집트로부터 높은 평가를 받아 온 지상 최고(最古)의 경작물이다. 선사시대에 이미 아편 추출 방법이 개발되었고, 이후 많은 사람들이 이로 인해 즐거움과 고통, 중독, 죽음의 길을 걸었다.

양귀비의 별나고 통통한 머리를 한번 살펴보자. 어마어마한 숫자의 작은 씨앗이 그 안에 있는데, 덮개 위에 뚫린 수많은 구멍을 통해 씨앗들은 힘차게 멀리멀리 가도록 발사된다.

아름다움 뒤에 숨겨진 독은 두 번이나 국제전쟁을 일으켰고, 어마어마한 범죄 집단의 수입원이 되고 있는 사회악의 근원이 되었다.

6부

Green Mother의 사랑

나무가 나무를 죽인다?

숲의 일부는 경쟁적이기는 하지만 실제 대부분의 상황은 오히려 경쟁을 피해 가려는 쪽으로 가고 있으며, 궁극적으로는 공존을 지향하고 있다. 폴 콜린보는 "적자(適子, fit animal)란 싸움을 잘하는 동물이 아니라 언제든 싸움을 회피하는 동물"이라고 결론지었다.

어떤 현상을 경쟁의 현상으로 속단하는 가장 좋은 예는 수억 개의 정자가 하나의 난자와 만나기 위해 지상 최대의 경쟁을 벌인다는 주장이다. 수억 개의 정자들이 하나의 만남을 달성키 위해 합동작전을 펼친다는 진실을 왜곡하고 있는 것이다.

• 공존의 현장

도저히 살아갈 수 없는 환경인 듯 보이는 바위 위의 지의류(地衣類 = 菌類와 藻類의 共生體)를 보자. 균류는 균사로 대기 중의 수분을 흡수하여 조류에게 공급하여 광합성을 돕고, 조류의 광합성 산물은 곰팡이에게 나누어 주는 협동 공존의 활동을 한다.

죽은 지의류가 미생물에 의해 분해되는 과정에서 생기는 유기산은 바위 표면을 부식시켜 토양을 만들어 작은 풀들이 자라게 도와준다. 또 곰팡이의 균사는 나무뿌리보다 물과 양분 흡수력이 100배 정도 효율적이므로 뿌리는 균사에게 그 활동을 부탁하고 대신 나무가 만든 광합성

산물의 일부를 곰팡이에게 주는 공존의 형태.

- **모든 나무는 연결되어 있다**

1960년대 스웨덴의 에리크 비요르크만은 숲속 식물들 사이의 물질이동 상황을 규명하기 위해, 어떤 나무의 줄기에 방사성 포도당을 주입하고, 시간이 흐른 후 이웃나무의 줄기에서 놀랍게도 그 방사성 포도당을 발견해 나무들이 연결되어 있다는 사실을 확인하였다.

- **균근 네트워크**

1990년대 오레곤주립대 수전 시머드와 데이비드 페리는 뿌리들의 활발한 지하 상호의존성을 규명하였다. 특정 종의 균근이 동일종의 나무들뿐 아니라 다른 종까지도 가리지 않고 연결시킨다는 사실을 알아낸 것이다. 그 네트워크를 통하여 키 큰 자작나무는 그가 만든 포도당을 키 작은 전나무에게 공급해 주는 것을 증명하였다.

- **나무가 나무를 죽인다**

또 다른 보고에 의하면, 어떤 나무가 자기만 잘 살겠다고 가지를 사방으로 뻗어 이웃 나무들의 활동을 방해하면, 숲속의 나무들이 힘을 모아 그 무례한 나무를 죽여 버린다는 사실이다. 이러한 공존의 예는 수도 없이 많다.

- **뭉치면 산다**

큰 나무건 작은 나무건 잎 한 장당의 광합성으로 생산하는 당분의 양은 같다. 이 조절은 땅속의 뿌리를 통하여 이루어지는데, 부자와 빈자 사이의 극심한 차이로 갈등이 증폭되고 있는 인간사회와는 달리 평화적으로 잘 이루어지고 있다.

밀집해 있는 너도밤나무숲이 목재 생산성이 높은 이유는 간격이 좁게 심어진 곳에서는 수관도 작게 하며 상호 협조가 잘되고 양분 배분도 잘하기 때문이다. 하지만 연대에 실패한 숲은 약자(병자나 연약자)가 해충이나 세균의 공격에 그대로 노출되어 강자들만이 생존한다.

인간적인 생각으로는 그게 더 좋을 것 같지만 절대 그렇지 않다. 약자가 없으면 강자도 없는 것이 나무들의 세상이다.

• 네 이웃을 사랑하라

가끔 오래전에 베어진 나무의 아주 큰 그루터기가 살아 있는 모습을 본다. 잎이 없어서 광합성도 못하는데 어떻게 오랜 기간 동안 기아 상태로 살아 있을 수가 있는가?

그것은 이웃들의 눈물 어린 도움 덕분이다. 직접 이웃 나무들과의 연결 통로를 통하거나 균사들의 영양 교환으로. 이러한 식물들의 협력체계는 서로 도와서 추위와 더위를 이겨 내고 살기 좋은 환경으로 만들어 간다.

• 집단안전보장 시스템

생태계는 하나의 정교한 시스템이다. 그것을 구성하는 무수한 생물과 무생물의 사이에는 끝없는 에너지와 물질의 흐름이 존재한다. 그 흐름은 또 정보전달계로서의 역할도 하며 동시에 구성 요소 간에 질서를 부여하고 흐름을 제어하고 있다.

생태계는 비생물적 환경과 생물군으로 구성되어 있으며, 생물군은 생산자(녹엽식물)와 소비자(동물, 곤충, 균류)로 나뉘고, 소비자는 살아 있는 식물로부터 영양을 섭취하는 생물계열(포식자, 기생생물)과 죽은 식물이나 동물로부터 영양을 얻는 생물계열(분해, 환원)로 나뉜다.

집단 안전보장시스템은 하나의 힘 있고 제멋대로인 생물의 전횡을 다른 모든 생물들이 힘을 모아 막아 내는 것을 말한다. 이것이 생태계의 헌법(憲法)이다. 숲이라고 하는 하나의 큰 사회의 질서를 유지하면서 안정적인 곳으로 만들기 위해서는 비상시에 구성원 전원이 단결해서 대처하지 않으면 안 된다는 사명감을 본능적으로 갖고 공통의 가치관을 가지고 살아가는 것을 말한다.

균사가 광섬유처럼 수㎞ 길이의 네트워크를 통하여 정보를 전달한다. 재배식물의 경우 이런 자연의 소통 방법은 모두 다 상실하였다.

Green Mother의 사랑

숲에 앉아 누가 자신을 주시하고 있는지 느껴 보라. 관찰자가 아닌 관찰 대상자의 입장에서 누가 자신에게 주의를 기울이는가를 느껴 보라. 숲의 영을 느끼라. 누군가가 다가와서 엄마같이 당신을 안아 주며 속삭인다.

'고생하는구나, 잘 왔다.'

속삭여 주는 그 순간 일시적이지만 혈압도 당도 정상으로 돌아오며 평안을 경험한다. 이름하여 'Green Mother'!! 어떤 자비로운 존재가 강하게 느껴진다. 그의 사랑 없이는 살기도 죽기도 어렵다. 보이지 않는 숲의 영(green mother)이 당신을 치유한다.

몇 년 전 독일 베네딕트 수도원의 수도사들을 해설할 기회가 있었는데, 그분들은 숲에서 찬양을 부르거나 기도를 하면 영성이 더 크다는 얘기를 한 것이 기억난다. 독일에서는 최초의 숲 유치원이 개교한 이래 25년 만에 1,000개의 숲 유치원이 설립되었는데, 숲 유치원 출신과 일반 유치원 출신을 비교해 본 결과 숲 유치원 졸업생들이 상상력이나 창의력에서 월등하게 우수했다는 이유 때문이었다.

초록색은 200만 년 이상 우리의 이불과 옷, 배경이었고, 초록색과 우리의 DNA는 어느 정도 일체감이 있다. 칠판, 탁구대, 당구대, 테니스 코트, 공장 바닥과 옥상, 학교 운동장의 색은 물론 비상구 표시까지 녹색이다. 애플이나 구글의 신축 사옥도 사원들의 앞에 숲이 보이도록 설계되었고, 병원마다 창밖에 숲이 보이도록 하는 추세이다. 숲의 향기, 소리, 초록색은 우리의 영혼을 맑게 하며 그 순간 창의력을 발휘하게 하는 것이다.

ecology(생태계)의 원뜻은 '관계'라고 한다. 생태계의 영적 측면에 대한 인식 없이는 당신의 생명을 주는 그 영혼과는 만날 수 없다. 야생의 상태로 회복시켜 주는 약(Wild Redeemer)이 필요하다. 눈부신 햇살이 소리봉에서 흘러내리는 빠른 물살 위에서 춤춘다. 물 소용돌이들이 내는 소리가 돌 위로 울려 퍼진다. 각기 다른 소리들이 한데 어울려 조화로운 화음을 만들어 낸다.

'식물의 영'을 알게 되면 그 식물과의 융합이 일어나고, 직관의 형태로 그 식물의 메시지가 자유로이 흘러들어 온다. 전에는 그 식물이 바깥에 있었지만 이제는 내 안에 있다.

• 숲의 마음을 담은 아름다운 이야기

그녀는 작은 마을에서 철물점을 운영하고 있었다. 어느 날 길 건너 철물점이 하나 더 생겨서 처음엔 '왜 하필이면 이 작은 마을에, 그리고 이렇게 가까운 곳에?' 하는 원망으로 며칠을 지나면서 궁금하여 새로 생긴 가게 주인에 대해서 알아보니, 아직 고등학교에 다니는 아이들이 있는 젊은 부부였다.

하지만 몇 달이 지나도 새 철물점에는 손님들이 가지 않고, 그녀의 가게 매출은 여전하기에 다시 한 번 곰곰이 생각해 보았다.

'난 남편이 공무원이고 자식도 없으니, 설사 이 가게가 안 된다 해도….'

하지만 남편의 월급만으로는 생활이 어려워 시작했던 가게가 아니었던가? 고민 끝에 대담한 결심을 하였다.

'지금이야말로 다 죽어 가던 나를 살리신 예수님의 사랑에 보답할 기회다.'

처음에는 품목을 축소하여 자기 가게에 없는 물건은 새 가게로 가도록 유도하였지만 여전히 별 효과는 없었다. 드디어 결정적인 방법으로 영업시간을 대폭 축소하였다. 결국 새 가게의 영업은 잘되기 시작하였고 그녀는 종일 한가한 시간을 보내게 되어 뭘 할까 궁리한 끝에, 어렸을 때에 선생님이 글짓기 칭찬을 해 주신 것이 생각나서 글을 쓰기로 하였다. 그 첫 작품이 바로 『빙점(氷點)』.

• **숲속에서의 기도 – 감사**

이 세상에서 가장 성스러운 곳은 어디일까? 첫 번째가 집, 두 번째는 일터, 그리고 그다음은 숲이 아닐까?

숲! Green Mother!! 교육적, 환경적, 문화적, 심미적, 경제적, 생태적, 휴양적, 정서적, 건강적 등등 모든 측면에서 숲의 위대한 가치를 감히 다 헤아려 낼 수 없다. 숲은 성스러운 곳이다. 겸손하게 그 모든 것에 감사(感謝)해야 한다. 숲에 가장 잘 어울리는 단 하나의 말은 바로 '감사(感謝)'이다.

감사의 기도를 드려야 한다. 그리고 숲이 가장 좋아하는 노래를 부른다. 〈Let it be〉!

아인슈타인을 포함한 저명한 인사들에게 이 세상에서 가장 중요한 딱 하나의 말을 선택하라고 했더니 90% 이상이 뽑은 최고 덕목의 단어는 감사(感謝)! 행복의 가장 핵심적인 표현인 감사를 숲에게 바친다.

숲은 공존의 기쁨이 충만한 곳, 극한 환경을 극복하는 감동의 스토리로 가득한 곳, 다양성의 공존이 공존하는 곳, 삶과 죽음이 세상을 지탱하는 에너지라는 사실을 배우는 곳, 묻지도 따지지도 않는 긍정의 장, 패배와 풍요와 빈곤이 공존하는 곳, 모든 것이 희망을 향하는 곳, 모든 것을 가능하게 하는 곳, 승자(=모든 살아남은 자)들의 세상, 세상은 본시 불평등하다는 사실을 배우는 곳이다.

산림청 숲 행사에의 초청 포스터. "놀자 쉬자 웃자" 너무나도 적절한 단어 선택이다. 그렇다! 숲에서 공부하려 하지 말라. 숲에서 뭔가 얻어가려 애쓰지 말라. 숲에서 놀고 쉬고 웃으면 Green Mother가 다 알아서 그대를 보살펴 줄 것이다.

제비꽃

『괴테 작사, 모차르트 작곡』

들에 피는 제비꽃,
수풀 속에 고개 숙이고
상냥한 제비꽃.
양치는 어린 소녀
발걸음도 가볍게, 마음도 가벼이
노래를 부르며
들로 나온다.

제비꽃은 애절하게 생각한다.
아, 잠시 동안이라도
들에서 제일 고운 꽃이 될 수 있다면,
사랑하는 사람에게 곱게 꺾여서
가슴에 지그시 안겨진다면!
아, 그저
잠시 동안만이라도!

아, 그러나 소녀는 왔건만
제비꽃에는 아랑곳없다.
가엾은 제비꽃은 짓밟혀서
쓰러져 죽지만, 기뻐하는 듯.
이렇게 죽지만 그래도 나는
그녀의 발밑에서
그녀의 발밑에서 기꺼이 죽는 것을.

역사상 가장 뛰어나다는 두 거장의 작품, 또다시 태어날 수 없는 단 하나의 이 노래! 슈베르트의 들장미와 쌍벽을 이루는 명가곡이며, 모차르트가 1785년 6월 8일에 빈에서 작곡하였다.

괴테의 슬픈 마음이 잘 배어 있는 시 「제비꽃」에 모차르트의 애틋한 멜로디가 만나 지금까지 전 세계인들의 사랑을 받고 있는 명곡이다. 조용한 숲에서 콘트라베이스 같은 괴테의 묵직한 이미지와 바이올린의 애절한 고음이 잘 어울리는 모차르트의 비현실적인 조화를 감상해 보시길 권한다.

제비꽃에는 애절한 사랑의 이야기가 숨어 있다. 제우스는 자신의 연인 이오를 암소로 둔갑시켰을 때 그녀를 위해 청초한 보라색의 아름다운 꽃을 피워 그녀를 기쁘게 하려 했는데 그 꽃이 바로 제비꽃이다. 제비꽃의 꽃말은 '아름다운 여인'이다. 이오는 제우스의 아내 헤라에게 쫓겨 이집트로 갔고 거기서 이시스 여신이 되었다.

제비꽃에는 비타민C나 사포닌 등 다양한 성분이 포함되어 있어서 미용, 변비, 항암, 항균 등에 좋아 천연항생제나 만병통치약으로 불리기도 한다.

생태계의 핸디

생태계에서 사는 생물들 사이에도 '핸디'라는 게 존재한다. 바둑이나 골프를 칠 때 강자가 몇 점 접어주는 것과 같다.

산토끼는 여름에는 옅은 회색이지만 (산족제비는 갈색) 겨울 눈 덮인 산에서는 산토끼도 산족제비도 거의 흰색으로 바뀌어 발견하기 어렵다.

그렇다면 천적인 늑대나 삵 같은 것도 하얀색으로 바뀌어야 공평하지 않을까? 하지만 천적들의 색은 여름과 그대로이다. 이것이 바로 공정한 생태계의 핸디인 것이다.

10억 분의 1

모나리자는 얼마짜리일까? 과연 가격이 매겨질 수 있는 것일까? 루브르박물관에 가도 인산인해에 밀려 제대로 볼 수도 없는 이 그림의 가격은 매겨질 수 없는 것이다.

가끔 숲의 가치를 금액으로 환산하는 것을 보면서 조금은 황당하다는 생각이 든다. 가치를 금액으로는 표시할 수 없기는 모나리자와 마찬가지이다.

가가린이 처음 지구를 보며 '푸르다'라고 외친 명대사는 산림지대에서 발하는 푸른 아지랑이를 가리키는 것이다. 유칼립투스로 덮여 있는 호주의 블루마운틴의 푸른 아지랑이는 상큼한 향기를 머금고 있다. 그 향기는 나무들이 뿜어내는 약 2,000종의 테르펜이라는 화학물질이다.

1930년경 러시아의 과학자 토킨 박사는 이 화학물질은 식물들의 방어물질이라고 규정하였다. 이 물질은 숲의 공기 중의 단지 10억 분의 1정도 포함되어 있을 뿐이지만 인간의 순환기나 호흡기에는 더없이 좋다는 것이다.

하지만 이것은 비타민같이 직접적으로 먹는 약과 같은 빠르고 과대한 효능을 기대해서는 안 된다. 숲의 분위기를 즐기는 감각으로부터 출발해야 한다.

활명수와 아스피린

아스피린은 120년 전에 태어나 지금까지 베스트셀러 자리를 굳건히 지키고 있으며, 식자들은 향후에도 100년은 더 베스트셀러 자리를 지킬 것이라고 말한다. 1년간의 매출은 천문학적 숫자에 달한다고 하는데, 120여 년의 매출을 다 합하면 과연 얼마나 될까?

아스피린은 바이엘 제약회사 직원이었던 호프만이 아버지의 병을 고치려고 노력하던 끝에 개발해 낸 효심이 가득 배어 있는 약이다. 버드나무의 껍질을 갈아서 와인이나 다른 액체에 넣어서 진통제로 사용한 역사는 고대 이집트인이나 그리스까지 거슬러 올라간다.

그 후 버드나무 껍질은 계속해서 주목을 받아 왔는데, 1820년대 두 명의 약사 프랑스의 앙리 르루와 이태리의 라파엘레 피리아가 각자 유효성분인 살리신을 추출하는 데 성공하였다.

이 살리실산에 아세틸분자를 더하는 아스피린은 1853년 합성되었지만, 바이엘제약회사가 출시를 개시한 때는 한참 후인 1899년. 하지만 아스피린 제조에는 더 이상 버드나무 껍질은 필요하지 않다. 콜타르 성분의 유도체로 제조하기 때문이다.

서양에 아스피린이 있다면 우리도 자랑할 만한 활명수가 있다. 아스피린보다 10년 정도 먼저 출시되었는데, 당시의 그 인기는 하늘을 찌르고도 남았다. 대한민국 제1호 서양식 제약회사가 제일 처음 특허 약으로 제조한 것인데, 지금까지도 인기리에 판매되고 있다는 사실을 간과해서는 안 된다.

4월 말경 수목원 생태관찰로 주변을 온통 여린 보라색으로 뒤덮는 '현호색'이란 야생화가 그 원료이다. 경험도 없이 완전 처음으로 만든 약이 어떻게 130년이 지난 지금까지 그 수명을 이어 갈 수 있단 말인가?

내가 이 약을 특별히 자랑스러워하는 또 하나의 이유는 이익금 중 상당 부분이 일제강점기 동안에 만주로 보내졌다는 사실이다. TV 광고를 보면서 늘 훌륭하신 조상님들께 감사드린다.

숲의 공기를 즐기는 호흡

나무마다 방어 목적으로 발산하는 각각의 물질이 대체로 인체에 매우 유익하다는 것이 증명되었다. 수많은 나무들이 있는 숲속의 공기는 종합 보약이나 마찬가지. 하지만 그 공기를 제대로 즐기는 사람은 그리 많지 않다.

인도의 장수노인들은 한 번 숨 쉬는데 1분 가까이 걸린다고 하는데, 사실 숨쉬기만이라도 올바로 하면 웬만한 질병은 예방할 수 있다고들 하지 않는가. 현대인들은 호흡법이 잘못되어 지속적으로 산소 부족에 시달린다고 한다. 그래서 모두들 '오래 살고 싶으면 천천히 심호흡하라.'고 하는가 보다. 건강한 식습관은 수명을 10–20년 연장하지만 건강한 호흡법은 30–40년 연장한다고들 한다.

따지고 보면 웃음도 효과적인 호흡을 유발하기에 좋다는 것이다. 숲속에서 제일 간단한 호흡법을 소개하며 이름을 'Korean style breathing way'라고 붙였다.

마음을 비우고 몸에 힘을 빼라.

모든 숨은 코로만 한다.

들숨은 4초간,

2초간 정지…

날숨은 8초간.

배꼽 바로 아랫부분의 수축운동에 신경 쓰라.

• 생태계의 서비스

지구상에는 이미 알려진 종이 175만 종, 아직 알려지지 않은 것까지 합하면 3,000만 종에 이를 것이라는 추측이다. 이들 종들은 수십억 년에 걸쳐서 단세포로부터 출발한 혈족관계 같은 것이다.

2000년 초에 UN의 밀레니업 생태평가(MA)를 통하여 지구 건강진단을 실시하였는데, 그 보고서에서 생물다양성은 그 자체로 내재적인 가치가 있으며 인간윤리나 인간 생활을 초월하는 숭고한 가치가 있다고 주장하였다. 그리고 생태계 서비스로,

기반서비스(영양염의 순환, 토양 형성, 1차 생성, 기타)
공급서비스(식료, 담수, 목재 및 섬유, 연료 기타)
조정서비스(기후조종, 홍수 조정, 질병 제어, 물 정화 등)
문화적 서비스(심미적, 정신적, 교육적, 레크리에이션적 기타)

등이 있으나, 전반적으로 그 서비스 체계가 무너지고 있다는 우려를 하고 있다. 인류의 생존은 이들 서비스의 공급에 의존하고 있으며, 생물다양성은 각종 서비스의 전제가 되어 있다는 설명이다.

또한 생물 다양성에는 그 자체에 내제된 가치(intrinsic value)가 있다는 생각이다. 인간윤리를 초월한 숭고한 가치가 생물다양성에 내재되어 있다고 MA는 주장하고 있다.

소리봉 숲의 가치와 독일의 숲

그 가치를 설명하기에 앞서 극상림의 생성 과정을 잠깐 들여다보면, 식물군락이 안정을 향하여 나아가는 천이과정의 일정한 패턴은 아래와 같다고는 하지만, 기후나 토양의 조건에 따라서 다를 수 있다.

나지 → (20년) 이끼, 지의류 → (50년) 한해살이 풀 → 쑥 같은 여러해살이 풀 → (100년) 빛을 필요로 하는 버드나무 같은 키 작은 나무 → (??년) 빛을 필요로 하는 소나무 같은 키 큰 나무 → (150-200년) 음지에서 잘 자라는 키 큰 나무 (참나무, 단풍나무) → (500-700년) 음지에서 더 강한 나무 (서어나무, 까치박달나무) = 극상림

이런 한 과정을 '1천이'라 한다. 1천이가 끝나면 다시 나지로 돌아간다.

소리봉에는 세계 온대지방에선 발견하기 어려운 서어나무 숲(극상림)이 있다. 서어나무의 수액이나 조직을 좋아하는 장수하늘소(대한민국내의 14,000여 종의 곤충 중에서 유일한 천연기념물)의 서식지가 여기다.

죽엽산은 능선 부분이 바위산으로 되어 있는 지형적인 특성상 소나무가 주 수종으로 자리 잡고 있으며, 이곳도 일종의 극상림으로 분류하는데 그 명칭은 'Land Climax'라 부르며, 이런 극상림에는 종 다양성이 없다.

• **독일의 숲**

암스테르담에서 뮌헨까지 기차를 타고 가면서 차창 밖의 옛 서독 지역을 보면 수령 100년을 훌쩍 넘기는 위용을 자랑하는 너도밤나무, 유럽소나무, 전나무, 독일가문비나무들의 웅장한 숲들이 펼쳐진다.

프라하에서 베를린까지 옛 동독 지역을 가다 보면 수령 20년 정도의 자작나무 숲이 마치 대나무 숲처럼 밀도 있게 펼쳐진다. 아마 통독 후 새로이 가꾸어진 듯하다.

온 세계가 독일 숲을 숲 가꾸기의 교과서로 삼고 있는데 과연 그럴까? 그 숲을 잘 들여다보면 수종이 몇 가지밖에 없고, 새소리가 별로 들리지 않는 투명한 숲으로, 생태학적으로는 그리 바람직하지 않다는 것을 금방 알아차릴 수가 있다. 지나치게 경제적 관점이 강조된 나머지 숲속 생물들의 입장은 등한시되었다는 것이다.

침엽수, 특히 소나무는 잎의 부식도 느리고 다른 식물이 자라지 못하여 부식층이 형성되지 못한다. 정상적인 숲의 천이과정을 보여 주지 못하고 오히려 지력이 쇠약해져서 바람직하지 않은 방향으로 변해 가는 퇴행천이(退行遷移)를 보여 준다. 건강한 숲은 분명 아니다.

컬러, 가을 향연에의 초대

그랜드 캐니언은 그 장엄함에 압도당한다. 그래서 남신(男神)의 작품이라고들 하고, 브라이스 캐니언은 그 섬세한 디테일에 매료되어 여신(女神)의 작품이라고들 한다.

모두 대단한 걸작임에는 분명하다. 매년 가 보고 싶은 곳 앙케트 1, 2위를 다투는 것을 보면 사람에 따라서 취향이 다를 수 있다는 것이다. 양주에 있는 빛 박물관의 그 찬란한 빛의 마술은 분명 남녀 신(神)들의 공동 작품일 것이다.

가을의 단풍이라면 으레 내장산이나 설악산의 단풍을 떠올리는데, 어디나 정열적인 붉은 계통의 남성적인 색의 향연이다. 그런데 여기서는 좀 이색적인 색의 향연에 초대하고 싶다. 보통 단풍나무를 중심으로 하는 색의 향연이 다 끝난 2주쯤 후 11월 중순에 국립수목원의 전나무길 초입에 있는 졸참나무 숲의 컬러 축제이다.

아직도 남아 있는 3월의 여린 연두색을 바탕으로 온갖 색들의 조화로 이루어진, 하지만 붉은색은 사양하는 신비스런 색의 조합이 압권이다. 섬세한 여신(女神)의 지상 최고의 걸작을 한번 감상하시길 바란다.

졸참나무 숲은 겨울에는 또 다른 장관을 연출한다.

대통령의 나무들

국립수목원에는 세계에서 하나밖에 없는 자랑거리가 있다. 이승만 대통령을 제외한(사실 이승만 대통령도 이곳을 몇 번 다녀가셨지만 아쉽게도 손수 식수하신 나무는 발견되지 않는다.) 모든 대통령들이 이곳에 와서 손수 심은 나무들이 잘 자라고 있다는 사실이다.

바쁜 분이 거리도 먼 이곳까지 와서 손수 나무를 심기란 그리 쉬운 일이 아닐진대. 온 국민에게 나무의 중요성을 앞장서서 보여 주는 일이며, 그 파급 효과는 지대하다고 믿는다. 이곳을 방문하는 모든 외국인들이 아주 부러워하는 점이다.

한 가지 희망은 지금부터는 심는 대통령이 좋아하는 나무를 심으며 그 의미까지도 설명하여 스토리를 남겼으면 한다.

▎이명박 대통령

▎노무현 대통령

▎김대중 대통령

| Did you know? | 봄도 낙엽기이다

낙엽기라면 가을이 떠오르지만 반드시 가을에만 낙엽이 떨어지는 것은 아니다. 낙엽수의 경우 가을에 연간 낙엽량의 70-80%가 떨어지고, 상록침엽수는 50% 이상이 가을에 떨어진다.
하지만 동백나무, 호랑가시나무 같은 나무는 봄에 새잎이 나오자마자 겨울을 지난 옛 잎은 떨어진다. 대나무도 마찬가지로 봄이 낙엽기이다.

7부

고독과 침묵

고독

수(愁), 추(秋) + 심(心). 가을의 마음, 내가 좋아하는 글자다. 여기에는 고독이 숨어 있고 그 고독 속에는 상상 못 할 어마어마한 힘이 녹아 있기 때문이다. 내가 좋아하는 요시타켄코(吉田兼好)는 『도연초(徒然草)』에서,

"할 일 없는 적막함을 힘들어하는 사람은 어떤 기분일까. 나는 세상사로부터 떨어져 혼자만의 고독의 경지에 있는 것이 최고…."

라고 했다. 혼자 단독자가 되는 것은 나를 강하게 세워 주며 나의 중심을 회복시켜 준다. 그래서 적극적으로 고독을 선택한다. 그 고독은 만유인력의 법칙처럼 모든 잡다한 것을 삼켜 버린다.

• 침묵

내가 뉴욕시 플러싱에 있는 퀘이커교회에 다닌 단 하나의 이유는 침묵의 예배를 드리기 위해서였다. 약 60분 동안 아무 말 없이 침묵을 신에게 드린다. 또 가장 기억에 남는 훈련은 3박4일간의 묵언수행인데, 다른 수련자들은 힘들어하였지만 나는 그런 활동이 나와 잘 어울린다는 생각을 하였다.

어둑어둑 무렵의 눈 덮인 사스카치완 대평원의 침묵을 바라보며 감격했고, 말없이 앉아 있는 피라미드의 침묵 앞에서도 숙연하였다. 시공간 속에 존재하며 미지의 세계로 나가는 통로인 침묵은 나를 구원해 줄 소리에 엄숙하게 귀 기울이는 시간이다. 소리의 사라짐이 아니라 공간에 생명력을 불어넣는 침묵 속에서 들리지 않는 것을 듣는다.

동양화의 여백은 시간시간 다른 모습으로 다가오는 침묵이 지배하는 세계이다. 수도원은 암벽의 꼭대기가 아니라 침묵의 첨단에 서 있다. 희미한 촛불이 잘 어울리는 침묵의 해석은 각자의 몫이다. 12세기 도겐의 하이쿠 한 편을 소개한다.

기나긴 가을날
단풍잎 위에 눈이 나리니
누가 그 모습을 말로 표현하리오

하이쿠라는 장르는 여운만 떼고 일절 침묵하는 데서 출발하고, 아주 짧은 몇 글자 속에 자연과 우주의 비밀을 담아낸 후 긴 침묵을 준비하는 것이다. 모차르트의 음악이 기막히게 경이로운 것도 신비로운 침묵이 이어지기 때문이다.

'주위의 아름다움이 고요한 내 안에 비친다.
훼손되지 않은 공간의 고요함 속에 나의 神이 쉬고 있다.
침묵은 영혼이 즐기는 목욕이다. 정화되는 곳이다.
마음은 침묵의 다리를 건너 평화에 이른다.
값진 비밀은 아늑하고 편안한 곳에 숨어 있다.
자연이 내게 베푸는 침묵을 향유한다.
침묵은 말의 부재일 뿐 의미의 부재는 아니다.
절망해 본 자들의 절규이며, 창조의 불가결한 자양분이다.'

걷기

생각에 빠지지 않으면서 생각하게 하는 순간이다.
내 시간의 진정한 주인이 되며
스쳐 가는 모든 풍경들을 소유한다.
진한 전나무 향기를 맡으며 참나무 잎을 밟으며
아직 내게 세월이 주어지고 있다는 데에 안도한다.

평화와 침묵 고독이 끝없이 이어진다.
몸과 마음, 길이 오랜만에 화해하고 합창을 한다.
있는 그대로를 세상에 맡기고 돈키호테처럼 미쳐 본다.
갑자기 어둠이 휩싸이는 숲속에 숨 막힐 듯 공포
짓누르는 불안감이 엄습해 온다.

지나가는 시간, 공간과 동행하며
상상과 공상의 기쁨을 즐긴다.
흘러가는 주변의 풍경에 녹아들어
내 마음도 더불어 흘러간다.
아무 생각 없이 그냥 걷는다.
보이지 않는 뭔가가 동행하며
같이 침묵을 황단하고 있다.

시간의 여백을 즐기며
때로는 길을 잃고 싶은 충동을 느낀다.

• 나의 산책

수많은 사람들이 들락거리며 저마다의 그리움을 남기고 간 그 길을 나는 7년째 매일 걷는다. 이젠 입구에 있는 호수의 잉어들도 나를 알아보고 반갑다고 꼬리를 흔들며 굿모닝을 외친다. 청설모 다람쥐들도 어김없이 재롱잔치를 펼치는 축제에 가끔 불청객 구렁이까지 나타나 나를 놀라게 한다.

숨을 가다듬고 긴장을 풀고 편안하게 길 냄새를 맡아 본다. 오늘은 유달리 향기로운 내음을 풍기는 걸로 보아 길도 기분이 좋은가 보다. 이제 나도 이 길의 한 가족이 된 셈이다.

일상의 시선에서 잠시 벗어나고, 속도에서 벗어나고, 습관의 굴레에서 벗어나 진정한 평화를 안고 걷는다. 진정 나를 놓아주는 시간이다. 우람한 전나무들의 향기에 취하여 극단의 행복감에 빠져 본다. 헤르만 헤세의 말이 와 닿는다.

"나무는 내게 언제나 사무치는 설교자였다. 나무와 이야기할 줄 아는 사람, 나무에 귀 기울일 줄 아는 사람은 진리를 경험한다. 나무는 비결이나 교훈을 설교하지 않는다. 삶의 가장 근원적인 법칙을 노래할 뿐이다."

땅과 나와 숲의 에너지가 하나 되어 자연의 혼이 되어 내 영혼을 감싸안는다. 저쪽 산마루에는 기나긴 항해를 시작하는 해님이 떠오른다. 내면의 불안으로부터 해방이 시작된다. 키르케고르는 말한다.

"자신을 괴롭히는 것으로부터 벗어날 수 있었다. 걷는 즐거움으로 질병도 예방하고 벗어나지 못할 근심을 해 본 적도 없다. 걷는 순간 최고의 생각이 떠오른다."

어두운 전나무 숲속에 서 있으면 신(神)과 마주하고 있는 느낌! 그래서 기도가 절로 나온다.

'주여, 불쌍히 여겨 주소서.'

시간이 존재하지 않는 숲길에서 시간을 모르고 일생 살아가는 전나무들을 바라보며, 시간 없어 쩔쩔매는 나는 무엇을 위해 그토록 서두르는가?

아침의 산책

신의 축복이 충만한 아침
새롭고 다양하고 밝은 삶이 기다린다.
살아 있음에 감사하며,
반복되는 일상을 오늘은 파괴시킬 것이다.
페르시아의 정교한 카펫에도,
인디언의 섬세한 구슬들에도 의도적인 흠을 새겨 넣듯이
나도 오늘 흠을 하나 넣어 보련다.
완벽의 부족함을 아는 지혜를 발휘하리다.
자연에 묻지 말라. 느끼는 것이 곧 답이다.

• 봄의 산책

고요로부터 태어나는 우주, 봄!
한번은 용서해 주기 위해 찾아오는 계절
서두를 것도 걱정할 것도 없는 평화로운 자들의 합창이다.
봄은 겨울로부터 오는 것이 아니고 침묵으로부터 온다.

가을 산책

큰키나무 속에서 용케도 예쁜 열매를 달고 있는
작은 키의 까마귀밥나무가 좀 알아 달라는 인사를 한다.
가장 아름다운 단풍은 우리들이라고 졸참나무들이 주장한다.
가을바람이 흩뿌리는 낡은 잎들에
여름의 호젓함 대신 묘한 허허로움이 배어 있다.

겨울 산책

겨울바람들의 표류, 바람들이 방황한다.
으름덩굴은 겨울 한가운데까지
홀로 작고 귀여운 푸른 잎을 달고 있다.

성삼문의 시가 생각난다.
'이 몸이 죽어가서 무엇이 될꼬 하니
봉래산 제일봉의 낙랑장송 되었다가
백설이 만건곤할 제 독야청청하리라.'

숲속 보금자리 다 빼앗기고
그들은 모두 어디로 사라졌는지.
엊그제까지 풍성한 열매를 앞에 놓고
환희의 찬가를 부르던 새들은 다 어디로 갔는가?
그 많았던 여름 사연들은 다 어디 가고
침묵만이 덩그러니 자리 잡고 있다.

• 유명한 숲 산책길

루소는 매일 아침 생제르맹이나 블로뉴 숲길을 산책했다. 걷고 일하고 발견하였다. 고독하고 규칙적이고 일상적인 산책. 숲속 오솔길에서 숨을 내쉬며 행복에 빠진다. 그는 독서보다 숲속 깊숙이 배회하는 것을 좋아했다.

에름농빌에 있는 루소공원은 고요한 호수와 어린 야생화, 그리고 수풀이 우거진 18만평의 너른 공원이며, '고독한 산책자의 몽상'을 집필한 곳이기도 하다.

"나만의 도보여행에서만큼 많이 생각하고 많이 존재하고, 많이 체험한 적은 결코 없었다. 이 여행에서만큼 나 자신이었던 적은 없었다."

"나는 편안하게 걷다가 마음 내킬 때 멈춰 서는 것을 좋아한다."

"나는 숲속 깊숙이 들어가 내가 자랑스럽게 그려 냈던 시간 형상들의 역사적 근원을 찾아다녔다."

"여러 가지 감미로운 생각들이 나의 동행이 되었다. 내 뜨거운 상상들이 이처럼 멋진 공상들을 안겨 준 적은 한 번도 없었다. 나는 한 번도 이렇게 많은 생각을 해 본 적 없었으며 이렇게 뿌듯하게 존재하고 살아 본 적이 없었다. 나는 혼자 걷는다."

"이 고독과 명상의 시간이야말로 하루 중에 내가 마음이 흐트러지거나 방해받는 일 없이 온전히 나 자신이 되고 나 자신에게 집중

하는 유일한 시간이다. 또 내가 자연이 바랐던 대로 존재한다고 진심으로 말할 수 있는 유일한 시간이다."

워드워즈는 걷는 일을 인생과 예술의 중심에 두고 존재하는 방식으로 생각하였다. 자연과 함께 걸으며 번잡한 도시의 일그러진 삶과 접촉하지 않으니 다행이라 여겼으며, 20대 초 시인으로 사는 삶의 모든 대안들에 하나하나 실패한 후 방랑과 사색을 선택하였다.

"내가 택할 길잡이가 그저 하늘을 떠도는 구름뿐이라고 한들 나는 길을 잃을 수가 없다."

대표작 「tintern abbey(틴턴사원)」은 웨일즈 도보여행 중 걸어가면서 쓴 시이다. 그가 걷던 아름다운 글래스미어 숲길에 그의 무덤이 잘 보존되어 있다.

니체의 산책로는 프랑스 남부 니스에서 모로코로 가는 중간 망통에즈의 스투비플래너와 에즈 빌라쥬에 있다. 여기에 사진처럼 '니체의 산책길'이라는 표지도 있다. 그밖에도 레만 호숫가, 스타인 아바드의 전나무 숲길, 니스에서 작은 에즈마을로 이어지는 길, 질스 마리아, 라팔로, 토리노 등 여러 군데가 있다. 다음은 그가 평생 사랑했던 세 가지 동반자이다.

- 나의 쇼펜하우어
- 슈만의 음악
- 혼자만의 산책

"걸으면서 생각하는 것이 철학을 하는 유일한 방법. 앉아서 지내는 삶은 성령을 거스른 진정한 죄악이다. 걷기를 통해 나오는 생각만이 어떤 가치를 지닌다. 탁 트인 공간에서 생각하는 것 인적 드문 산이나 바닷가에서 걷고 뛰고 오르고 춤추는 것이 나의 관습이다. 그런 곳에서는 길마저 사색에 젖는다."

"걸으면서 구상하는 사람은 얽매인 데가 없이 자유롭다."

월든호수가의 숲길 산책을 좋아했던 헨리 데이비드 소로의 어록.

“태양과 함께 부드럽고 활력 넘치는 사고를 하는 사람은 하루 종일이 아침이다.”

“사람들이 무엇을 하든 몇 시든 상관없이, 내가 각성하고 있는 한 새벽은 언제나 내 안에 있다.”

“갈 곳 모르고 그냥 걷노라면 자연이 나를 바른 방향으로 인도한다.”

“영기(英氣)를 기르려면 숲을 찾으라. 거기는 자연의 정기와 힘이 넘치는 곳이다.”

“풍경 속에 아름다움과 질서가 있다.”

“최고의 지혜는 자연의 방식에 순종하는 것.”

“내가 자연의 일부가 되면 숲 전체로부터 엄청난 메시지가 전달되어 온다.”

“내 다리가 움직이기 시작하면 내 생각도 흐르기 시작한다.”

“고독만큼 함께하기 좋은 동반자는 없다.”

“걷기를 통해 일종의 평온한 쾌감으로 무아지경에 빠진다.”

“한적하게 거니는 기쁨, 혼자 걸어도 외롭지 않다.”

“생각에 잠겨 자신만의 리듬으로 초연해진다.”

임마누엘 칸트는 여행을 해 본 적 없이 평생 규칙적으로 오후 5시에 출발하는 쾨니히스베르크의 산책길은 유명하였지만 지금은 그 자취를 알아보기 힘들다. 그는 평생 먹는 것과 산책에만 관심 있다고 했다.

"걷기는 단순함과 권태의 치료와 규칙적인 자기 통제력을 증진시킨다."

프랑스의 소설가인 마르셀 프루스트는 파리 서쪽 115㎞ 정도 떨어진 주민 3,200명의 작은 시골마을 농촌의 아름다운 숲에 있는 두 개의 산책길 즉 스완네 집 쪽과 게르망트가 쪽을 걸었다.

빈의 숲으로 유명한 칼렌베르크 아래에 있는 하일리켄슈타트는 베토벤이 살던 집이 11군데나 있는 곳이다. 하일리겐슈타트 숲길에는 독일

가문비나무 50%, 너도밤나무 10%, 구주소나무 9% 등이 서식하고 있으며 1802년 유서를 썼다는 유서의 집이 산책로 입구에 있다.

실개천 슈라이버를 따라 〈전원교향곡 2악장〉을 착상했다는 오솔길을 걷는다. 길옆은 내가 처음 걸었던 30년 전에 비하여 집들이 많이 들어서서 깊은 숲속 길 같은 분위기는 사라지고 마을길이 되어 있었다. 하지만 여전히 새소리와 냇물 소리, 산들바람 소리들이 숲의 조화로운 선율을 만들고 있었다.

1827년 3월26일 폭풍우 몰아치는 창밖을 향하여 외친 죽기직전의 마지막 그의 절규가 생각난다.

"박수를 치게, 친구들이여! 희극은 끝났다."

아인슈타인은 1933년부터 죽을 때까지 프린스턴대학 안에 있는 고등과학 연구소와 자택을 오가는 숲길을 걸으며 상대성이론을 완성했고, 지금도 연구소내의 산책로에 '아인슈타인 산책길'이라는 표지가 남아 있다.

독일 하이델베르크에 있는 철학자의 길은 하이델베르그 대학의 교수였던 헤겔, 야스퍼스, 괴테, 하이데거 등등이 산책했던 울창한 숲길이다. 걸을수록 사색의 무게가 더해지는 길이며 우주와 생에 대한 끊임없는 질문을 던졌던 역사적 인물들을 길동무로 하는 고요한 길이다.

철학자 니시다 키타로가 산책했던 교토의 난젠지부터 긴카쿠지까지의 길. 봄엔 벚꽃, 가을엔 단풍으로 아름다운 숲길이 잘 보존되어 있다.

톨스토이가 늘 산책했던 야스나야 폴랴나 숲길, 모스크바에서 180㎞ 떨어진 고향 툴라시(市)에 있는 톨스토이가의 드넓은 영지에 있는 참나무, 자작나무의 울창한 숲에 그의 초라한 무덤이 있다. "슬퍼하지도, 생각하지도 말고, 아무것도 세우지 말고, 소박하게 묻어 달라."는 유언대로.

지금 천일각이 서 있는 동쪽 산마루는 다산이 틈틈이 올라 바람을 쐬거나 흑산도 귀양 가 있는 둘째 형 정약전을 그리며 바다를 내다보던 곳이며, 천일각 옆을 지나 만덕산을 넘어 백련사로 이어지는 오솔길은 옛날 혜장선사가 오갔던 길이기도 하다.

이미 16세에 밴드를 조직하고, 20대에는 20세기 최고의 인기 그룹 이름도 유명한 비틀즈를 조직한 음악인, 오노 요코를 죽도록 사랑했고, 30대에는 반전 평화운동자로서 활약하다 40이 되는 해에 뉴욕 맨해튼에 있는 그의 아파트 앞에서 피살되는 파란만장한 일생을 살다간 레논.

평창올림픽 개막식에서 그의 곡 〈이매진〉이 울려 퍼진 것은 그만큼 우리의 염원은 평화라는 것을 세계에 각인시킨 것. 그가 다녀가지도 않았는데도 프라하의 카렐교 밑에 있는 대형 레논 낙서벽은 항상 관광객으로 붐빌 만큼, 죽은 지 38년이 되었는데도 그 인기는 여전한 사람.

그가 휴양을 위해 방문한 숲은 의외의 장소, 일본 나가노켄의 동부에 있는 일본 유수의 휴양림 카루이자와숲. 1976년부터 1979년까지 매년 여름 약 1개월여 숲속 산책을 즐긴 곳이다. 이곳은 물참나무, 느릅나무, 단풍나무, 벚나무, 등등 큰키나무와 작은키나무들이 잘 어우러진 울창한 활엽수림이다.

그가 즐겨 마셨다는 '로얄밀크티'는 이곳의 명물이 되어있고, 그가 즐겨 다니던 카페의 구석자리도 명소로 남아 있다. 그가 이곳에서 머물며 숲길을 산책하며 묵은 때를 벗고 새로운 1년의 삶의 에너지를 받았고, 영혼이 맑아져 창작 활동에 큰 힘이 되었다고 말하였다.

아쉽게도 1980년의 피살로 그 숲길 산책은 더 이상 지속되지 않았지만 한 예술인의 혼이 고스란히 간직되어 있는 숲길이다.

다른 이야기이지만, 일본의 유명한 작가 나쓰메 소세키가 1900년부터 약 2년여 동안 스코틀랜드에 유학 갔는데 그때 전원을 산책했던 피트로 클리는 지금도 많은 일본인들이 찾아가는 인기 명소로 보존되어 있다.

내가 2001년경 필라델피아에 3개월 머무르는 동안 서재필 박사를 비롯한 우리의 선각자들의 발자취를 찾아보려고 백방으로 수소문해 봤지만 알 길이 없었다. 참 안타까운 일이다. 우리도 국내건 국외건 우리의 발자취를 보존하는 데 조금 더 노력해야 할 것 같다.

숲에서 태어난 대작들

〈음악〉

- **베토벤** (1770–1827)**의 6번 전원교향곡**,

1800년 30세의 나이에 최초로 듣기 이상을 발견하고 1802년엔 유서까지 남길 정도로 급속히 악화되다가 1819년 완전히 들리지 않았다.

5번 운명교향곡은 1804–1808에 쓴 곳으로 운명에 대한 투쟁을 선언하고 마지막 부분에서 트롬본의 소리로 승리를 장식한 곡. 특히 1악장의 폭풍이 지나가고 구름사이로 비치는 햇살처럼 평온한 2악장이 사랑을 안고 다가온다. 모차르트의 피아노협주곡 2악장, 차이코프스키의 현악4중주 제2악장처럼 대체로 2악장은 도입의 흥분을 가라앉히고 차분하고 명상적인 흐름을 이어간다.

그리고, 그는 비엔나 교외의 숲으로 이사하고 이어 그 유명한 숲길 산책 중에 악상을 다듬은 6번 전원교향곡을 탄생시킨다.

그의 9개 교향곡 중 가장 서정적이며 자연 속에서의 행복을 구가하고 있다. 이곡을 작곡할 즈음 1808여름 한때 사랑했던 테레제 말파티 에게 보낸 글

'숲속을 거닐 때 나무들을 지날 때 풀을 밟으며 그리고 돌맹이를 밟으며 걸어갈 때 저는 얼마나 행복한지 모릅니다. 숲, 나무, 돌맹이는 우리가 원하는 울림을 전해줍니다.'

1악장: 시골에서의 상쾌함

2악장: 시냇가의 풍경

3악장: 즐거운 모임

4악장: 폭풍

5악장: 목동의 노래

이 곡을 작곡한 이후 1812년 타플리츠에서 괴테와의 역사적인 만남이 성사되었다. 베토벤은 괴테와 산책을 하는데 맞은편에서 황실의 행차가 다가오기에 괴테는 얼른 길을 비켜주며 머리를 숙여 예를 표했지만 베토벤은 본체도 하지 않고 가던 길을 고수하여 결국 황실 일행이 길을 비켜가게 되었다. 그는 산책의 즐거움만큼은 누구에게도 방해받고 싶지 않았던 것이다.

- **시벨리우스의 핀란디아 찬가**

숲(90% 유럽소나무, 독일가문비나무)에서 살며, 수오미숲(=핀란드 숲을 이렇게도 부름)을 표현한 핀란디아찬가 中 작품 75번을 보면 다섯 개의 피아노곡 모두에 나무이름이 붙여져 있다.

핀란디아 찬가는 1899년 34세 때 작곡한 교향시, 핀란드 숲과 자연을 연상시키는 휘몰아치는 북유럽의 바람과 같은 곡.

핀란드 민중의 투쟁의식을 고취시켰으며, 시작은 금관악기의 울부짖는 소리가 북유럽의 차디찬 빙하를 연상시키고 마지막은 장엄한 핀란디아 찬가로 장식했다.

슈베르트의 600여 가곡은 모두 숲의 정경을 표현한 곡이다. 초원의 노래, 자장가, 미혹, 애수, 가을 노래, 등 비엔나의 숲과 자연을 낭만적으로 표현한 곡들이다. 유명한 보리수나무와 우물은 빈 교외의 힐테르브렐-휠드리크스뮐레 마을에 있는 호텔에 들어서면 보인다. 보리수가 작곡된 곳이며 슈베르트가 많은 악상을 다듬은 곳이기도 하다. 1827년 3월 19일 불과 2km떨어진 그토록 존경했던 베토벤집을 방문하여 베토벤이 죽기직전에 단 한 번의 만남이 성사되었다. 이태리어로 세레나데는 저녁의 음악이란 뜻인데, 가장 유명한 슈베르트의 세레나데는 '남자가 연인의 창가아래에 서서' 란 뜻의 슈텐트헨으로 불린다. 연가곡 백조의노래 중 네 번째 노래. 백조는 평생 울지 않다가 죽기 직전에 단 한 번 운다는 설로 인해 백조의 노래는 보통 예술가들의 마지막 작품을 뜻한다.

들장미는 18세 때 작곡하였으며 평화로운 자연을 노래한 곡이다.

황병기는 가야금의 달인으로 1963년 26세 때 가야금 작품으로 최초의 현대음악인 독주곡 '숲'을 발표하고 듣는 사람들을 신비로운 숲으로 안내하였다. 녹음, 뻐꾸기, 비, 달빛의 4악장으로 구성되어 있다.

숲속의 아는 힘,
고즈넉하게 들려오는 뻐꾸기소리,
가랑비에서 소나기로 퍼붓는 소리,
교교한 달빛

백두진의 청산도에서 영감을 얻었으며 뉴욕타임즈는 "황병기의 가야금 소리는 신비로운 영감에 찬 동양화 수채화" 라고 극찬하였다.

이 밖에도 볼프강 아마데우스 모차르트도
"악상이 가장 원활하고 풍부하게 떠오를 때는 산책을 할 때"
라고 하였고, 영화 〈로미오와 줄리엣〉의 주제가역시 니노 로타가 산책을 하면서 영감을 얻어 작곡한 곡이다.
산책은 예술가들에게 영감을 공급하는 원천이었다.

〈문학〉

- **장지오노**

프랑스 작가. 『나무를 심은 사람들』이란 소설이 발표된 후 계적으로 숲 가꾸기 운동이 일어났다. 소설을 소개하자면, 프로방스 산간동네 바농은 원래 숲이 울창했는데 숯을 구워 파는 사람들의 욕심으로 인해 황폐화된 후 어느 양치기 노인 엘제아르 부피애가 묵묵히 참나무와 자작나무를 심고 가꾸어 다시 숲이 우거지고 새들이 모여드는 낙원이 되었다는 이야기다.

- **요한 볼프강 폰 괴테**

식물의 변태에 관한 논문을 쓸 정도로 박식한 식물학자이기도 했던 그는 그림에도 전문가 수준으로 2,700여 수채화 작품을 남겼는데, 그 4분의 1이 식물에 관한 것이다. 그가 산책하며 관찰한 '베츨라'라는 곳은 프랑크푸르트에서 70여㎞ 떨어진 강과 정원이 어우러진 전원인데, 그곳은 『젊은 베르테르의 슬픔』을 지은 배경이다.

• 헤르만 헤세

노벨상 수상 현대 독일 작가. 『나무』, 『마로니에 숲의 오월』에서 그는 항상 나무에 귀 기울일 줄 알아야 한다고 역설했다. 오랜 세월 모진 풍파를 견디며 한 장소에서 꿋꿋이 존재하는 나무를 참이라고 찬미했다.

• 정철

귀양살이하는 아버지를 따라 10여 년을 전남 담양군 남면 지곡리에서 보낸 정철이 별뫼를 노래한 것이 『성산별곡』이다. 그는 또 강원도 관찰사로 근무할 때 쓴 『관동별곡』을 통하여 "한적한 곳에 소나무 있고 눈 내리니 그 운치를 읊지 않을 수 있겠는가."라고 하였다.

8부

자연사박물관에는 왜 공룡이 판치나?

사상 최대의 미스터리

• 웨스트민스터사원에 묻힌 찰스 다윈

찰스 다윈이 『종의 기원』을 발간할 당시만 해도 아직 서슬 푸른 창조론 시대였다. 진화론은 일종의 정면 도전이었던 고로, 고심에 고심을 거듭한 끝에 발간했던 『종의 기원』. 이 책 출간 7개월 후 윌버퍼스 주교는 많은 청중들 앞에서 '원숭이가 우리들의 조상인가?'라고 다윈을 비판하면서 1650년 성공회 대주교 제임스 어셔가 계산했던 지구의 나이, 즉

신이 천지 창조한 BC 4004년 10월 22일을 옹호하기까지 하였다.

그런데 어떻게 다윈은 그 깐깐한 성직자회의의 심사를 통과하여 영광스런 웨스트민스터사원에 묻힐 수 있었을까? 사상 최대의 미스터리가 아닐 수 없다. 2016년 12월에 그의 묘를 방문하고 또 한 번 놀란 것은 사원의 가장 명당자리(?=사람들이 가장 많이 다니는 길목)에 묻혀 있다는 것이다.

세월이 150년이나 흐른 지금, 진화론은 이미 현대사상의 근간을 확고히 자리 잡고 있음은 의심의 여지가 없는데, 놀랍게도 미국에서는 지금도 핍박을 받고 있다는 사실.

- **1925년 테네시주 원숭이 재판**

고교 교사 스콥스가 당시 주법에 금지되어 있는 진화론 교육을 실시한 이유로 재판에 회부되었을 때에 당시 변론을 맡았던 클래런스 대로를 중심으로 한 진화론 쪽과 정치인 윌리엄 제닝스 브라이언을 중심으로 한 창조론 쪽의 열띤 공방이 있었다.

재판부는 스콥스에게 유죄 판결을 내리고 벌금형을 언도하였지만, 당시의 주류 언론들은 진화론의 타당성을 지지하였기 때문에 일반 대중들에게는 진화론의 당위성이 크게 인식되는 계기가 되었다.

- **1928년 진화론 교과서 소송**

1928년 아칸소주 의회가 공립학교에서 진화론이 담긴 교과서 사용을 금지하자, 교육자들이 반발하여 소송을 제기하고 결국 사용 가능 판결을 받았다.

• **1987년 창조과학 논쟁**

1987년 루이지애나주 의회가 1981년 공립학교에서 진화론을 공부할 때 창조과학이론도 함께 가르칠 것을 의무화하자 72명의 노벨상수상자와 20여 개의 학술단체들이 고등학교 생물교사 '돈 아길라드'를 내세워 연방대법원에 고발하여 승소하였다.

당시의 판사였던 윌리엄 J 브레넌 대법관은 "창조과학이란 과학의 가면을 쓴 종교일 뿐"이라 했고, 안토닌 스칼리아 대법관은 "생명의 창조사와 종교의 신이 같은 개념이 아니다."라 했다.

• **2005년 조지아주 스티커 사건**

주 의회가 고등학교 생물 교과서에 "이 교과서에는 진화 내용이 포함되어 있다. 진화는 생물의 기원에 관한 이론이지, 사실이 아니다. 이 내용은 열린 마음으로 접근하고 주의를 기울여 공부하고 비판적으로 생각해야 한다."라는 스티커를 붙일 것을 명령하였으나, 최종 판결에서 제거하라는 명령을 받았다.

• 더 진화해야 하는 진화론

"생물이 가진 형질은 같은 종이라 해도 개체 간 서로 다르고 그것은 부모가 자식에게 전해 준 것이다. 한편 환경의 수용력은 통상의 생물의 번식력보다 작아서 같은 종끼리 또는 다른 종 사이에서도 생존경쟁이 일어난다. 그래서 태어난 자식 모두가 살아남아 번식할 수 있을 확률은 낮다. 개체 간의 다름으로 차세대를 남길 가능성도 차이가 있고 유리한 형질을 가진 종이 많은 자손을 남긴다. 진화의 방향은 우연히 생기는 돌연변이에 의해 결정된다."

라는 자연선택(自然選擇)을 골격으로 하는 생물진화론은 1859년 다윈이 발표하였다. 『파브르곤충기』를 쓴 파브르(1823-1915)는 이 진화론에 대하여,

"과거의 일을 확실히 말하고 미래의 일도 확실히 말하지만 현재에 관해서는 말하지 않으려 한다. 진화가 이루어졌다 또 이루어질 것이다, 그래서 곤란한 것은 현재에는 이루어지지 않는다는 사실이다. 과거, 현재, 미래 중 현재만이 진화론에서 제외되어 있다. 현재는 우리와 직접 관련이 있고 가설로는 말할 수 없는 것이다."

라고 야유를 보냈다. 나 같은 문외한이 진화론을 공부하면 점점 혼란에 빠져들어 간다. 많은 부분이 상상에 의존하여 혼란만 가중시켜 결국

진화 자체를 부정하고 싶은 기분이다. 생물학자 도브잔스키는 "진화론에 비추어 보지 않으면 생물학에서는 그 무엇도 의미가 없다."라고 하였지만, 창조론자들은 여전히 수긍하지 않는다.

반론의 핵심은 '진화가 참이라면 종(種) 사이의 전이 화석이 있어야 마땅하거늘 전혀 없지 않는가?'에 대하여 진화론자들은 '전이 화석은 많다. 지난 50년간 수백만 개의 화석이 발견되지 않았는가? 하지만 화석기록에는 틈이 있다. 환형동물처럼 몸이 부드러운 동물들은 화석이 되기 어렵다. 당신의 족보를 2-3백 년밖에 추적할 수 없다면 더 이상 조상이 없다는 뜻인가?'라고 반박한다.

진화론자들이 제시하는 현재 진행형, 우리의 눈앞에서 목격되는 진화의 현장은 가지나방(Peppered moth)의 진화 현상이다. '19세기 중반 산업화된 공장지역에 둘러싸인 영국의 숲에서 처음으로 흰색가지나방의 변종인, 이전보다 어두운 색의 가지나방이 나타나기 시작했다. 공단 지역의 지저분한 곳에서 이들의 변화된 색깔이 포식자들의 눈에 잘 안 띄어 살아남기에 좋은 장점이 되었다. 그런데 150여 년이 지난 2000년경 그 지역의 환경이 다시 좋아지니까 밝은색의 나방이 다시 활개치고 있다.'라는 것이다.

하지만 진화론의 입장에서 보면 설명이 잘 안 되는 곤혹스런 생물도 적잖다. 네혹뿔매미의 머리에 달린 기이한 모양의 혹들은 피카소의 작품이라면 또 몰라도 멀쩡한 생물의 진화로 보기에는 너무나도 엉뚱하기 때문이다.

일반적으로 진화를 거듭한 생물은 어떤 목적을 향하기 때문에 불필요한 것은 제거하기 마련인데, 이 혹들은 도대체 무슨 소용이 있단 말인가? 오히려 쉽게 천적에게 노출되고 생활에도 거추장스럽기 짝이 없는 물건이다. 오히려 누군가가 창조했다고 하는 편이 더 어울리는 모양이다.

온통 DNA연구 열풍에 휩싸여 있는 런던의 다윈센터를 돌아보면서 이 연구가 어떤 결론을 내주기를 간절히 기대해 본다.

특별한 향성(tropism)을 보여 주는 독일가문비나무의 이 모습은 진화론을 설명하기에 적절한 하나의 자료이다.

런던에 있는 다윈센터를 방문하고 의아해 했던 것은 그 방대한 연구실 모두가 DNA 연구에 몰두하고 있다는 사실. 본격적인 DNA분류 시대가 도래한 것이다.

다윈센터의 7층 건물의 모든 내부가 밖에서 훤히 들여다보이게 하여 방문객들의 궁금증을 해소하는 데 도움을 주고 있다.

단명식물과 장수식물 중 누가 더 진화한 것일까?

어떻게 해서든 장수를 향하여 발버둥치는 인간들의 생각으로는, 당연히 나무들도 장수를 향하여 진화할 것이 아닌가 하는 생각이 들 것이다. 1년생 풀이 진화의 과정에서 최신에 출현한 것이라는 사실을 믿을 수가 없다.

몇 천 년 사는 식물이 단명을 향하여 진화한다니! 오래 살면서 별의별 장애나 위험을 겪는 것보다 빨리빨리 다음 세대로 바통을 넘기는 쪽이 확실하기 때문이다.

본시 죽음이란 것은 진화의 과정에서 생겨난 것으로 생명을 영원히 잇기 위해서는 스스로 파괴시켜 새로운 생명을 탄생시키는 방향으로 발달된 것이다. 사(死)에 의해 생명이 영원히 이어지는 것이다.

모든 생물은 죽지 않으려고 필사의 노력을 기울이지만, 유감스럽게도 생명의 진화는 죽음을 택하고 유한(有限)한 생명을 택한 것이다. 진화는 우리의 간절한 희망을 외면하는 것일까?

멘델의 유전

인간의 기본적인 염색체의 총체를 '게놈(genome)'이라 부르는데, 이것은 유전자 'gene'과 전부인 '-ome'의 합성어이다. 우리들 인간은 2개의 게놈을 갖고 있다. 하나는 아빠, 또 하나는 엄마의 것.

혈액형의 경우, 아빠와 엄마 모두 O형 유전자가 만나면 자식은 O형, O형 아빠와 A형 엄마가 만나면 아이들은 A형이 된다. 이 경우 A형 유전자를 우성, O형을 열성이라 한다.

이 우성(優性)의 법칙을 오스트리아의 한 수도원의 수도사 멘델이 1세기도 훨씬 전에 발견하였다. 아이러니하게도 이 천재는 젊은 시절 교사 채용 시험에서 생물 때문에 불합격하였다.

노랑호랑나비yy

\+

검정호랑나비BB

By

짝짓기를 하면 모든 개체가 검정유전자와 노랑유전자를 하나씩 받지만, 검정이 우성이므로 후손 1세대는 모두 검정이 된다. 하지만 By잡종 속에는 노랑유전자가 잠재되어 있기 때문에, By잡종이 부모 중 한쪽인 노랑과 역교배를 하면 노랑과 검정이 반반 태어난다.

멘델은 이 설명을 통하여 형질이 사라졌다가 그다음 세대에 어떻게 다시 나타나는가를 설명했고, 이 설명은 1960년대에 의학에 돌파구를 열어 주는 큰 공헌을 하였다.

생물종의 평균수명

억년의 수명을 이어 오고 있는 살아 있는 화석이라 불리는 은행나무는 희귀한 예이다. 산전수전 다 겪은 이 나무는 앞으로도 오래오래 살아남을 것이지만, 대부분의 종들은 종 분화에 의해 나타났다가 여러 이유로 멸종하고 만다.

그렇다면 보통의 종들은 몇 년이나 살아남을 것인가? 화석연구가들에 의하면 전체적으로 평균 300만 년(일부는 500만 년이라고 주장)이라고 한다. 200여 만 년 전에 출현한 인간은 과연 평균수명을 달성할 수 있을까?

얼마 전에 별세한 스티븐 호킹 박사는 AI기술, 유전자 조작, 핵기술 등의 과학 기술이 인간의 종말을 재촉하는 재앙으로 다가올 것이라고 주장하였는데, 공감하는 바가 크다.

사라지는 것들

2-3백만 년 전에는 인간은 살아남기 위할 만큼의 자원을 쟁취하는 데 그쳤었지만, 오늘날에 와서는 수백만 종의 동물들이 이용하던 그 모든 자원의 10분의 1을 장악하기에 이르렀다.

그런데 장악의 속도와 파괴의 속도는 점점 더 가속화하고 있다. 이런 현상은 대규모 멸종으로 이어지고 결국 혼란과 빈곤의 시대로 연결되어, 종말에는 인간이 딛고 있는 그 기반마저 사라져 결국 인간 스스로도 영원히 사라지고 말 것이다.

지금까지 지구상에 있었던 첫 번째 대멸종은 4억5천만 년 전 감마선 폭발로 인한 오르도비스기 대멸종으로, 동물의 3분의 1이 사라진 대참사였다. 두 번째 대멸종은 3억7천7백만 년 전 고생대 데본기 후기 마그마의 대폭발로, 세상이 지옥으로 변하였다.

세 번째 멸종은 2억5천만 년 전 시베리아 화산 대폭발로 90% 이상의 생물이 사라졌다. 네 번째는 2억 년 전 대규모 지각변동으로 인한 용암 분출, 그리고 다섯 번째는 6,500만 년 전 소행성의 충돌로 지구상의 생물 역사의 3분의 1을 지배한 공룡이 사라졌다.

약 4만 년 전부터 시작된 여섯 번째 대멸종은 일단계로 거대 생물들이 사라졌고, 이 단계로 인간의 발자국이 닿는 모든 곳의 생물들이 대규모로 사라지고 있다. 몇 백 년 전만 해도 흔했던 장면이 지구상에서 영원히 사라진 예는 수도 없이 많다. 지구상의 대재앙, 그 여섯 번째 멸종의 원인은 자연 재앙이 아닌 분명 인재인 것이다.

수천의 핵 시설 중 몇 군데만 사고가 나도 이전의 대멸종 사건의 규모와 비슷한 사태가 일어나리라는 것은 충분히 예견할 수 있다. 여기서 하나의 질문이 등장한다.

"어차피 모든 것은 언젠가는 멸종할 수밖에 없지 않는가?"

종의 가치는 어디에 있을까? 인간중심적으로 생각하면 금방 답이 나올 수 있지만, 객관적으로 이 질문에 대답하기란 쉬운 일은 아니다. '모든 생물들은 똑같이 살아갈 권리가 있기에 인간들이 그들에게 해를 끼칠 이유는 없지 않는가?'라는 견해에도 동조하기는 쉽지 않다. 이 문제는 윤리적으로도 접근할 사안이 아니다.

성 프란체스코 아시시의 '모든 살아 있는 것들은 사랑할 만한 가치가 있다.'라는 의견에 동의하기도 어렵다. 어쨌든 종의 다양성은 생태계, 나아가서는 인간에게도 큰 도움이 된다는 주장들의 여러 입증할 만한 사례들이 힘을 받고 있는 것도 사실이다.

생물만이 사라지고 있는 것은 아니다. 스페인이나 포르투갈의 중남미 개척시대에 무수한 인간 종족들이 영원히 사라졌고, 지금도 사라져 가는 종족이 있으며, 언어 역시 영원히 사라진 것들이 한두 가지가 아니다. 영원히 사라진 문명은 또 얼마나 많은가?

이 시대에 우리가 직접 목격하고 있는 아랄해의 비극을 보자. 지구에서 네 번째로 큰 호수가 20여 년 만에 표면의 2분의 1, 부피의 4분의 3이 사라져서 대재앙이 되고 있다. 주위 나라들이 무분별하게 건설한 운하가 직접적인 원인이라고 하는데, 24종의 물고기 중 20종이 사라졌고

60,000명의 어업종사자들이 실직하였다. 생기 넘치던 연안이 완전히 황폐화되었다.

식물과 동물을 융합한 괴물의 등장

영화 〈고질라〉에 등장하는 괴물은 고질라 세포와 장미 세포를 융합해서 만든 것이다. 과연 이런 것이 가능할까?

유전자공학이 눈부시게 발전하는 것을 보면 가능할 것처럼 보인다. 세포융합이란 것은 두 개의 세포를 합해서 하나의 세포를 만드는 것이다.

세포융합에 의해 만들어진 새로운 식물의 예로 가지과의 감자와 토마토를 융합해서 만든 '포마토'를 들 수 있다. 이처럼 비슷한 종끼리는 융합이 가능하지만, 아주 다른 종끼리는 세포가 정상적으로 자라지 않는다고 한다. 그러니 동물과 식물의 융합은 지극히 어려운 일일 것은 자명하다.

하지만 아직은 연구 단계이지만 놀랍게도 성공을 거두고 있는 것 또한 현실이다. 반딧불 유전자와 나무유전자를 융합하여 발광(發光)하는 식물을 개발한 것이다. 이 연구는 점점 신(神)의 영역 속으로 들어가고 있는데, 과연 어디까지 허락받을 수 있을까?

핵(核)기술은 평화의 목적으로만 사용된다면야 더할 나위 없이 행복하겠지만, 실상은 전혀 그렇지 않듯이 이 연구의 미래 또한 걱정되는 바가 크다.

자연사박물관에는 왜 공룡이 판치나?

공룡이 뉴욕, 베를린, 베네치아 등 온 세계의 자연사 박물관의 중앙 홀에 가장 넓게 차지하고 있는 이유는 무엇일까?

첫째 이유는 세계의 거의 모든 자연사박물관들은 최초로 세워진 런던의 자연사박물관을 롤모델로 삼았기 때문, 두 번째는 지구 생명의 역사의 3분의 1이 넘는 1억 수천만 년 동안 지구를 지배한 동물에 대한 예의?, 세 번째는 아이들이 공룡을 좋아하기 때문일 거라고 혼자 해석해 본다.

마당에는 아이들이 회전목마와 스케이트를 즐기고, 박물관 대부분의 손님들은 아이들을 동반한 가족 단위라는 사실로 보아, 아이들의 관심과 흥미를 끌기 위한 백방의 노력을 하고 있다는 사실이다. 갖가지 모양의 집채만 한 공룡이 걸어가는 모습에 열광하는 아이들의 환성이 박물관을 뒤흔들고 있다.

기념품 가게에서도 거의가 아이들을 위한 제품을 팔고 있고, 또 아이들이 무척 즐겁고 자연스럽게 박물관에서 놀고 있다. 그뿐만 아니라 식당역시 철저히 아이들 메뉴 중심으로 운영하고 있다.

▎ 런던자연사박물관 중앙 홀에 전시되어 있는 공룡

• 치유하는 정원

이 글은 『Ecotherapy -healing with nature in mind』(2009년 Sierra Club Books 출판)의 p166-173에 있는 "Gardens that Heal"(Elizabeth R. Messer Diechl 씀)을 요약한 것이다.

전통적인 헬스케어 측면에서의 정원의 중요성은 지역, 문화 의료기술에 따라 다양하게 나타난다. 오늘날의 정원은 통합의료를 위해 그 중요성이 재인식되기 시작하였다. 전통적인 병원은 환자, 방문자, 스태프를 위해, 또 고객들에게 어필하기 위해 울타리 안에 특별히 설계된 정원을 건설하기 시작하였다.

정원은 편안히 쉬고, 스트레스를 완화하고, 자연을 가까이하며 인위적 환경으로부터 탈출하는 곳이다. 짧은 시간이라 해도 아름다운 정원을 보면 금세 기분이 좋아진다. 명상을 한다거나 대화를 즐기는 곳이며 치유의 가든은 직업치유, 원예치유, 신체치유, 오락치유의 곳이며, 조용한 환경과 자연적인 풍경을 제공하여 환자뿐만 아니라 의사, 간호사, 방문자, 스태프 모두에게 큰 치유 효과를 거두는 곳이다.

식물은 심리적이고 정신적으로 큰 이익을 주며, 스트레스 완화나 자존감의 증진, 병 회복을 위해서도 매우 큰 도움을 준다. 다양한 향기, 색, 질감, 맛, 소리들이 감각을 자극하고, 감각기관은 이러한 자극 변화에 귀 기울이도록 설계되었으며, 감각적 자극은 우리를 신체적 · 인지적 · 정서적으로 자연과 연결시키는 데 도움이 된다.

그러한 적극적인 자극은 정원에서 자주 일어나며 성공적인 치유의 정원은 이 감각적 기회에 접근토록 한다. 많은 연구들은 창밖의 그린을 바라보는 환자의 회복이 빠르고, 고통치료약 요구도 줄어들고, 간호요구도 줄어들고, 스트레스도 줄고 행복감은 증가된다고 주장한다. 어떤 식물 향기는 고통을 줄이는 향기를 뿜어 신체조직을 자극하여 잠을 유도하고 행복감을 증진시킨다.

라벤더 향기를 가까이하는 여자들은 확실히 슬픈 감정이 사라지고 화내는 일도 현저히 줄어든다. 정원 활동에 참가한 성인들은 실내에서 활동한 사람들보다 코르티솔 레벨이 내려가고 피로 회복에도 도움을 준다.

정원은 정신적인 피로 회복에도 좋고, 대부분의 일 관련 업무는 실수와 초조, 인내심 고갈 같은 현상을 유발하지만, 정원의 나비가 날아다니는 것을 보는 순간 그러한 부정적인 현상들을 날려 보내는 기능을 한다.

자연과의 수동적인 상호작용은 안정과 치유의 효과가 있고, 정원 활동에 적극 참여하면 더더욱 큰 회복의 이익을 거둘 수 있다. 땅을 판다거나 하는 육체적인 일은 적극적인 에너지를 생산하며, 스트레스를 완화하며, 좋은 생각을 불러온다. 이러한 활동은 또한 심리적 · 신체적 · 사회적 관점에서 증진시킨다.

수많은 연구가 원예치료의 긍정적이고 놀라운 성공적인 효과를 보고하고 있다. 치유의 가든은 병자나 회복을 위한 것뿐이 아니라 모든 사람들을 활기차게 하고 젊음으로 돌아가게 한다.

달렌식물원과 큐가든

2016년 12월에 달렌식물원과 큐가든을 방문하였다. 달렌식물원은 13만여 평의 비교적 작은 공간에 22,000여 종류의 식물은 보유하고 있어서 세계 3대 식물원 중 하나라고 자랑한다.

300년 역사의 방대한 규모의 온실은 구석구석 윤기 있게 잘 관리되고 있었으며, 특히 온실 내부에도 어린이들을 위한 어드벤처시설이 꾸며져 있었다. 정문 가까이에 도심에서 30분 정도 걸리는 지하철역이 있어서 접근성이 좋았고, 다양한 각종 자료를 전시하고 있는 산림박물관에는 어린이들이 북적거리고 있었다.

달렌식물원

달렌식물원의 식물박물관

식물원(植物園) 최고(最古)는 이집트 알렉산드리아에 있는 알렉산드리아도서관 인근 식물원이며, 이탈리아 피사 공립식물원은 1543년에 설립되어 오랜 역사를 자랑한다.

큐가든은 1759년 궁전병설식물원으로 설립되었고, 약 40만 평에 가까운 부지에 당시 영국 식민지들로부터 수집된 각종 자료를 보여 주고 있었다. 오스트레일리아 등 세계 각지를 항해하며 식물 자료를 수집한 쿡선장(1743-1820)이 관장을 역임한 사실도 이색적이다.

세계 식물원 중 유일하게 세계문화유산으로 지정되었고, 런던시 도심에서 30분 정도 걸리는 지하철역이 정문 바로 앞에 있다. 수목 7,000종, 초본 8,000종을 보유하고 있으며, 구석구석 잘 관리되고 있는 대규모 온실에는 13,000여 종이 있다. 어린이를 위한 대규모 놀이시설과 식당, 그리고 기념품판매장을 운영하고 있었다.

달렌식물원, 큐가든, 자연사박물관들의 공통점은 한결같이 어린이들을 유혹(?)하기 위하여 모든 역량을 필사적으로 집중하고 있다는 사실이다.

갑자기 공작새가 눈길을 끈다. 큐가든에는 이런 모습이 흔하다.

숲해설 자료

• 두 가지 기적

1. 한강의 기적

흔히 라인강의 기적과 같은 것으로 생각하지만, 독일은 이미 모든 기술을 갖고 있었는 데 반하여 우리는 그야말로 완전한 무에서 이룩했다는 점에서 그 가치는 근본적으로 비교할 수 없는 완전히 다른 것이다.

2. 산림녹화의 기적

일제강점기의 처참한 벌목 착취를 극복하고 온 국민이 자발적으로 나무심기운동에 참여 무려 100억 그루(1인당 300그루 이상)의 나무를 심어 완벽하게 산림녹화를 이룩한 세계 유일의 나라이다. 많은 세계기구들이 앞다투어 우리의 산림녹화기적에 관하여 놀라운 성공이라고 칭찬하였다.

• 세 가지 별명

1. 금수강산
2. 백의민족
3. 동방예의지국

• 세 가지 자랑

1. 무역 10대국 중 우리나라만이 유일하게 제국주의 착취 없이 순수 우리의 땀만으로 이룩한 무역대국.

2. 최근의 1000년 역사 동안 수없이 외국의 침략을 받았지만 우리는 단 한 차례도 다른 이웃을 침략한 적이 없는 평화를 사랑하는 나라.

3. 원조를 받던 나라가 본격적인 원조를 하는 유일한 나라.

- **박물관에서의 3번의 폭소**

1. 화석의 나이

"이 화석은 1억 6년 6개월이 된 것입니다."

(손님들이 어떻게 그리 정밀하게 아는가를 질문)

"예, 제가 입사할 때 1억 년이었거든요."

2. 버섯 구별

"독성과 식용 구별할 줄 아나요?"

(당연히 모른다)

"만일 슈퍼에서 팔면 그건 확실히 먹을 수 있습니다."

3. 뱀부 와이프

"독신이십니까? 그렇다면 당연히 꼭 필요한 것입니다. 더운 여름철에 꼭 껴안고 주무세요, 시원합니다."

- **반전화법**

21세기 들어 가장 주목받는 가치로 등장한 것은 즐거움의 가치이다. 그 중심에 의표를 찌르는 반전의 즐거움이 있다. 수족관에서 뜬금없이 나타난 귀여운 코알라가 한 예일 것이다.

1. 나무 이름 질문하기

“이 나무 이름은 무엇입니까? (질문하여 아무도 대답 못하면) 이렇게 쳐다보시기만 하고 답을 못하시면? (뜸을 잠깐 들이다가) 제가 해설하기 무척 편합니다.”

2. 건물 들어가기에 앞서

“여러분, 건물 멋지죠? 그런데 들어가시면 정말 놀라실 겁니다. 제발 놀라지 마시길. (손님들이 의아해하는 순간 잠깐 뜸을 들이다가) 건물은 멋진데 볼 게 없다는 데 놀라실 것입니다(시각적으로는 그렇지만 학술적 가치는 다른 온실과 비교할 수 없이 크다는 점을 강조하기 위하여).”

3. 처음 손님들을 만났을 때

“여기 vip손님 오셨네요.”

(손님들이 두리번거릴 때, 어린 애기를 가리키며)

“정말 잘생겼네요, 제게는 어린이들이 vip입니다.”

4. 다른 나라 손님을 맞이할 때

“어디서 오셨나요?”

“러시아.”

“저는 모스크바를 100번 이상 여행했습니다.”

(손님들이 ‘really?’ 하며 눈을 동그랗게 하고 쳐다본다.)

“Through Television.”

지상 최고의 직업

교사, 종합상사 세일즈맨, 법인회사의 CEO, 프랜차이즈 사업 사장(미국에서) 그리고 숲해설가. 이상 내가 경험한 직업들을 아래 항목에 비추어 본다.

내 적성에 맞는 직업
내가 가장 잘할 수 있는 직업
내 특기를 십분 발휘할 수 있는 직업
내 건강에 가장 도움이 되는 직업
가장 즐거운 직업

처음 내가 숲해설가가 되어 친구들에게 얘기하면, 대부분 측은하게 생각하는 눈빛을 보내왔다. 사실 기름값, 점심값 빼면 남는 것도 없는 급여 현실은 사실이다.

하지만, 출근하면서 모니터링을 겸하여 숲을 한 바퀴 돌면서 감사의 기도를 하고, 해설하는 동안에 열 번도 더 파안대소한다. 몇 번의 해설은 적당히 몸을 피곤하게 하여 숙면을 유도한다. 시간이 날 때면 다시 퇴근 전에 다시 모니터링에 나서서 숲길을 걷는다. 심심치 않게 외국 손님들이 와서 나의 외국어 실력을 뽐낼 기회를 얻는다.

60대를 숲해설가란 직업에 종사하는 것은 내 인생의 최대의 행운이라 생각한다. 이보다 행복한 삶은 상상도 못했었다. 숲에서 나무들과 풀들과 새들과 길들을 벗 삼아 산다는 것이 얼마나 소중한가를 모르는 사람들의 동정의 눈빛을 나는 동정한다.

지난 7년간 진정한 삶을 처음 경험하였고, 저절로 개조되었고, 드디어 진정한 나로 다시 태어났다.

• 해설 실례(實例)

• 준비물

“지금부터 숲을 즐기러 오신 손님들께 숲을 즐기시기 위한 준비물을 준비하셨는지 한번 점검해 보겠습니다. 제가 원하는 준비물이 없으신 분은 멀리서 오셨다 해도 해설해 드리기가 어렵습니다.”

(어느 손님 한 분을 지정하여)

“손님께서는 학교 다니실 때 매일 무엇을 갖고 가셨습니까?”

“책가방.”

“보통 다른 분들은 도시락이라고 하시는데요.”

“ㅋㅋㅋㅋㅋ….”

“그럼 오늘 숲에 오시면서 무엇을 준비해 오셨나요?”

“???”

“세상에서 가장 아름다운 것은 보이지도 않고 만져지지도 않습니다. 오로지 느껴질 뿐입니다. 모든 분들 공부 많이 하셨지요? 하지만 오늘은 그것들을 다 주머니에 넣으시고 딱 한 가지만 필요합니다. 그것은 느낌입니다. 느낌 없으신 분 혹시 있으세요?”

“!!!!”

“사실 느낌이 있으시다고는 하지만 그 품질이 문제입니다. 아름다운 것을 보아도 아무것도 못 느끼는 그런 느낌은 소용이 없습니다. 야들야들한 살아 있는 느낌을 꺼내시기 바랍니다.”

“!!!”

▍2016년 9월 주한 외교사절들에게 해설하는 필자.

"이제 저 나무 이름 뭐예요, 이 꽃의 이름은 뭐예요, 하는 질문은 사양합니다. 사양하는 중요한 이유는 또 있습니다. 그것은 나도 모르기 때문입니다."

• **겉만 보고 속까지 판단하지 말라**

"우리나라의 1,200여 가지 나무들 중 가장 못 생긴 나무를 소개해 드리겠습니다. 이 나무를 보세요, 피부가 너무나 거칩니다. 제가 못생겼다는 기준은 피부를 보고 하는 말입니다. 하지만 이 나무는 'Never judge a book by it's cover.'라며 미국 격언을 외칠 것입니다. 그 이유는

- 이 거친 피부는 인간들의 안약의 원료로 아주 중요합니다.

- 줄기는 최상 품질의 재목입니다.
- 세 번째 이유가 가장 중요합니다. 피부는 가장 거칠지만 1,200여 가지 중에서 가장 아름다운 단풍입니다. red도 아니요, 핑크도 아닌 신비스런 컬러를 우리에게 선물합니다.

이 공원에 이 나무들이 많아서 가을 컬러가 환상적입니다.

이 나무의 이름은 무엇일까요? 우리나라 사람들이 남자 친구나 여자 친구 또는 아내나 남편을 부르는 호칭으로 가장 일반적인 것은 무엇입니까? 자기입니다. 그런데 그 자기 중 가장 좋은 자기는 무엇일까요?

예, 복이 많은 자기이겠지요, 그래서 복자기입니다. 하지만 저의 이 이름풀이는 전연 진실과 다릅니다. 한자를 나중에 한번 검색해 보시기 바랍니다."

• **뉴 밀레이엄 트리**

"혹시 이 나무 이름 아십니까? 이렇게 쳐다보시기만 하고 대답을 못 하시면… 제가 해설하기 무척 편합니다. 세 가지 힌트를 드립니다. 자, 손님은 성씨가 무엇인지요?"

"?"

"양반이시군요, 양반들은 이 나무로 지은 집을 선호했습니다."

"손님은 성씨가?"

"?"

"오! 양반님들만 오셨군요. 양반들은 이 나무로 만든 가구를 선호했습니다."

"마지막 힌트를 드립니다. 전통적으로 우리나라 마을마다 큰 나무가 한 그루 마을 어귀에 자리하고 있는 것은 아시죠? 그 나무는 너무나 커서 느 – ㄹ 티가 납니다.

이 나무를 특별히 소개하는 이유는 느티나무가 새천년 나무로 뽑혔기 때문입니다. 오랫동안 마을 어귀에서 악귀를 몰아내고 재해로부터 우리를 지켜 준 수호신이었기 때문입니다."

• **5번과 6번 사이**

"나이 30이 되면서 안 들리기 시작한 귀가 갈수록 악화되기 시작할 한창 나이의 30대 전반의 절망적인 상황에서 작곡한 〈5번 운명교향곡〉을 들어 보겠습니다."

(첫 부분을 반복 들어 본다.)

"당당당당– 반복하여 끝없이 두드리고 있는 이유는 무엇일까요? 그는 이렇게 기도합니다. '주여, 차라리 내 다리를 갖고 가세요. 음악가에게 귀를! 너무 잔인합니다.' 운명을 원망하며 주님을 원망하며 아쉬움으로 가득한 두드림입니다.

작곡을 마치고 비엔나의 중심가에서 30여 분 걸리는 교외 숲으로 이사를 합니다. 그리고 매일 숲길을 산책합니다. (실개천 쉬라이버를 따라 이어진 하일리겐슈타트 숲길은 베토벤의 길이란 이름으로 지금도 잘 보존되어 있고, 부근에 유서를 썼다는 집도 잘 보존되어 있다.) 그러기를 1년여 후에 〈6번 전원 교향곡〉이 탄생합니다."

(6번의 초입 부분을 들어 본다.)

"그런데 이 곡은 놀랍게도 평화로운 전원을 낭만적으로 그리고 있습니다. 불과 얼마 전에 그토록 원망하며 절망적으로 '당당당당' 두드렸던 그 마음이 푸른색 너울거리는 여유와 감사로 바뀌었습니다. 귀가 나았다는 것일까요? 아니라면 누가 그 마음을 케어해 주었을까요?"

- **애벌레비**

"저는 '수목원에 언제 놀러오면 좋은가?'라는 질문을 받았습니다. 전 이렇게 대답하겠습니다. 수목원에는 1년에 꼭 4번의 비가 내립니다. 3번도, 5번도 아닙니다. 모르셨죠! 그 4번의 비를 맞으러 오시라고 말씀드리겠습니다.

첫 번째 비는 4월의 꽃비입니다.

두 번째는 5월 중순에 내린답니다. 이 숲길을 걸으면 어깨에 뭔가가 쌓입니다. 하늘에서 거미줄을 타고 내려오는 비입니다. 그것은 애벌레비입니다. 대부분 나중에 나방이 될 애벌레들입니다.

세 번째는 10월 첫 주입니다. 우박처럼 후드득 후드득 쏟아지며, 그 비를 한 번 머리에 맞으면 IQ가 10이 올라간다고 합니다. 도토리비입니다. 손님들, 9월 말경에 큰 양동이 하나씩 갖고 도토리 주우러 오세요."

"주워도 되나요?"

"안 될 것 없지요. 다만 한 가지 조건이 있습니다. 10만 원 벌금. 네 번째는 아시다시피 10월 말에 내리는 낙엽비입니다."

느낌 여행

현대는 상상력의 시대, 창의력의 시대라고들 한다. 상상력의 바탕에는 느낌이 흐르고 있다. 느낌에도 수준이 있다. 아무 구속받지 않는 자유롭고 깨어 있는 느낌이 필요하다.

숲은 우리에게 좋은 느낌을 주며 그것은 바로 행복으로 연결된다. 느낌 여행이라고 하면 인간의 예술작품을 감상하는 전시회나 콘서트가 대표적으로 떠오르지만, 진정한 느낌 여행은 자연의 걸작을 감상하는 것이다.

왠지 모르지만 나를 포함한 한국인의 DNA는 지식결핍증 환자같이 지적 요소를 탐구하려는 경향이 강한데, 이젠 과감하게 바뀌어야 한다. Green Mother(숲)의 사랑을 느껴 보라. 누군가가 나를 이토록 강렬하게 사랑하고 있다는 것을 느껴 보라. 당신은 무한한 행복감에 젖어들 것이다.

감동의 조건

내가 숲해설을 할 때마다의 목표는 감동시키고야 말겠다는 것이다. 내 인생을 빛내 줄 사람은 내가 중요하게 생각하는 그 사람. 따라서 그 사람을 기쁘게 하겠다고 생각하는 순간 마력 같은 힘이 발휘된다.

준 것은 반드시 되돌아온다는 것이 세상의 법칙이다. 남을 기쁘게 하는 것은 반드시 내 기쁨으로 돌아온다. 감동만이 사람을 움직인다. 한 사람의 감동이 중요한 것은 연쇄반응효과가 있기 때문이다.

'for me'가 아닌 'for you' 정신이 중요하다고는 하지만, 남을 위해 나를 희생시켜서는 안 된다. 우연한 이 만남을 소중하게 여기며, 감동을 위하여 나의 모든 것이 움직인다.

2014년 8월, 35개국 학생들에게 해설하고 있는 필자의 모습.

이젠 약속 시간 안 지키리라

세계는 점점 느림의 미학에 관심을 갖기 시작한 모양이다. 1988년에는 슬로푸드 이탈리아가 나타나더니 연이어 오르비에토란 작은 도시는 '슬로시티'라는 슬로건을 내걸고 서두름에 저항할 것을 선언하였다. 나는 왜 서두름의 노예가 되었나? 아니 현대사회는 왜 시간의 노예가 되었나?

24시간이라는 개념은 이집트에서 나타나 로마인들에 의해 자리 잡은 문명이다. 본시 자연의 흐름에 맞추어 느긋하게 살던 우리 조상들은 서두른다고 자연이 따라와 주는 것이 아니라는 사실을 잘 알고 살아왔지만, 18세기 산업혁명을 겪으면서 생산성만이 최고의 가치로 등극하면서 우리는 시간의 노예로 전락한 것이다.

서구가 수출한 최악의 상품은 바로 생산성이라는 것이다. 서울이나 도쿄의 출근시간 광경을 보고 있노라면 그것은 전쟁 중의 비상상황과 하나도 다를 바가 없는 풍경이다. 결국 오늘날을 만들어 가는 것은 시계인 셈이다. 먹을 것은 풍족한데 시간만큼은 갈수록 빈궁해져 가는 딱한 현실, 그 서두름이 나를 죽이고 있다는 사실에 주목하고 싶다.

고대 로마시대의 아우구스투스가 외친 '천천히 서두르라'를 2000년이 지난 오늘날 다시 되새겨 봐야 할 것이다. 이제 시간이라는 독재자를 내몰아 버리고 늘 몸에 배어 있는 서두름으로부터 해방되고 싶다. 무엇 때문에 이렇게 쫓기는 도망자처럼 허둥지둥해야 한단 말인가?

일단 먼저 손목시계를 버리고, 여유만만하게 천천히 생각하고 천천히 움직인다. 목적지를 향하여 뛰지 말고 천천히 걸어서 간다. 설사 좀 늦으면 어떻단 말인가? 평생 약속 시간에 늦을까 봐 노심초사했던 그 모든 것들을 내려놓고 이제 좀 태연하게 늦을 수 있게, 지금까지의 나의 사전에는 절대 있을 수 없었던, '늦어도 좋다!'를 외쳐 본다. 느리게 살면 시간도 늘어난다는 사실을 나는 명심해야 한다.

참고문헌

『生物にとって時間とは何か』, 池田清彦 저, 2013, 角川學藝出版

『生物と無生物のあいだ』, 福岡伸一 저, 2007, 株式會社講談社

『面白くて眠れなくなる遺傳子』, 竹内薫 저, 2016, 株式會社PHP

『種子たちの知慧』, 多田多恵子 저, 2008, 日本放送出版協會

『樹と森のものがたり』, 西口親雄 저, 1999, 柘植書房新社

『面白くて眠れなくなる植物學』, 稲桓榮洋 저, 株式會社PHP

『動物の言い分人間の言い分』, 日高敏隆 저, 株式會社角川書店

『植物はすごい』, 田中修 저, 中央公論新社

『健康.老化.壽命』, 黑木登志夫 저, 中央公論新社

『生態系の暮らし方』, 小池文人 저, 東海大學出版會

『感動ヲつくれますか?』, 久石譲 저, 株式會社KADOKAWA

『著名人の森林保養』, 上原巖 저, 社團法人 全國林業改良普及協會

『森の旅森の人』, 稲本 正 저, 株式會社 世界文化社

『植物はそこまで知っている』, Daniel Chamovitz 저, 2016,株式會社河出書房新社

『The forest unseen』, David George Haskell, 2013, PENGUIN BOOKS

『Your brain on nature』, Eva M.Selhub, 2013, John Wiley & sons

『孤獨のすすめ』, 五木寛之 저, 2017, 大橋寛之

『孤獨の愉しみ方』, Henry David Thoreau 저, 服部天佳子 역, 2013, 株式會社East Press

『Birthright』, Stephen R. Kellert 저, 2012, Newgen North America

『學んでみると生態學はおもしろい』, 伊勢武史 저, 2013, べれ出版

『木の教え』, 塩野米松 저, 2016, 株式會社築魔書房

『日本人だけが知らない砂漠のglobal大國UAE』, 鈴木 哲 저, 2017, 株式會社講談社

『身近な蟲たちの華麗な生きかた』, 稲桓營洋 저, 2014, 株式會社築魔書房

『はつみみ植物園』, 西畠淸順 저, 2016, 東京書籍株式會社

『そらみみ植物園』, 上同, 2013, 上同

『ふしぎの植物學』, 田中 修 저, 2016 中央公論新社

『歌う鳥のきもち』, 石塚徹 저, 2017, 株式會社山と溪谷社

『照葉樹林文化とは何か』, 佐佐木高明 저, 2007, 中公新書

『Interpretive Planning』, National Association for Interpretation, 2014, Lisa Brochu

『樹木たちの知られざる生活』, Peter Wohlleben 저, 2016, 早川書房

『森と人間の文化史』, Tadaki Yoshiya 저, 2010, 日本放送出版協會

『主張する植物』, 塚本正司 저, 2007, 八坂書房

『Ecotherapy』, David W.Orr 외, 2009, Siera Club Books

『心お操る寄生生物』, Kathleen McAuliffe 저, 西田 譯, 2017, 合同出版株式會社

『Right of VISION』, Thakur S Powdyel 저, 2014, TGMI

『스토리텔링으로 떠나는 꽃차여행』, 류정호 저, 2012, 인문산책

『森は怪しいWonderland』, 田中淳夫 저, 2016, 株式會社 新泉社